『ワーママ』5年目に読む本

パワーママ
プロジェクト 編

はじめに

初めまして。私たち『パワーママプロジェクト』は、〝自分らしく〟仕事と育児ができるＨａｐｐｙなワーママ（ワーキングマザー）を増やすことを目的としたプロジェクトです。

仕事と育児の両立って大変ですよね。それらをこなして、しかもＨａｐｐｙでいることなんて私には無理……と思うママも多いかもしれません。でも、ここ数年は、〝自分らしく〟仕事と育児をしているＨａｐｐｙなワーママって、実はけっこう増えてきているんです。

そういったママたちを、等身大のロールモデルとして皆さんとシェアすることで、ワーママの多様性を広めていきたい。私たちはそう考えて、身近なワーママをインタビューしてまわったり、ワーママを応援するアワード「ワーママ・オブ・ザ・イヤー」を開催したり、気軽に情報交換できる場を創ったりなどの活動をしています。

ママがＨａｐｐｙなら家族も元気になりますし、働く女性がＨａｐｐｙなら会社も元気になって、ゆくゆくは社会全体にインパクトを及ぼすことになります。Ｈａｐｐｙなワーママを増やして日本経済・社会に貢献すること。それこそが私たちのミッションと考えています。

『パワーママプロジェクト』のコアメンバーは４名で、もちろん全員が仕事をしながら子育てをしているワーママです。

共通点は、仕事も子育てもエンジョイしたいワーキングマザーであること。『パワーママプロジェクト』は登場するすべてのワーママが主役なので（この本を読んでいるワーママのあなたこそが主役です！）、普段、私たちは黒子として活動を裏方で盛り上げていますが、今回、恥ずかしながら、表に出てご紹介させていただいています。

私たちが開催するイベントでは必ず参加者どうしが交流を深める「ネットワーキングタイム」があります。そこでは、ワーママだからこそ話せる共通の話題で盛り上がります。

参加者は未就学児から小学校低学年の子を持つワーママが多いのです

（コアメンバーの紹介：画像左から）渉外担当の柴田広夢、企画＆MC担当の椿奈緒子、IT＆クリエイティブ担当の高村奈津子、PR担当の千田絵美。

が、よく話題に上がるのは、仕事のこと、子どもの教育のこと、夫婦関係のこと、家族のお金のことなどなど。

そこで気づいたのが、皆ぼんやりとした悩みや不安は多いけれど、なかなか欲しい情報にたどり着けないということです。

また、特にワーママ生活5年目は、いろいろな悩みが噴出してくる時期だということにも気がつきました。仕事も育児との両立にも少しずつこなれてきて、これからどうするかを漠然と考えるタイミングだからなのでしょう。

仕事はこのまま続けるのか、ペースアップするのか、ペースダウンするのか。

「小1の壁」も目の前。

子どもの習いごとはどうする？

2人目、3人目は？

そろそろ親の介護も視野に入れなきゃいけない……。

さまざまな側面で変化を迎えるタイミング、それがワーママ5年目なのです。

それなのに、先輩ママたちがどのようにこの時期を通ってきたのかを知る機会もあまりないのが現状。だからこそ、そんなママたちの迷いや不安を少しでも解消できるように、私たちでママたちのリアルな悩みを専門家の方々や先輩ママたちに聞きに行ってみようと考え、本著の出版に至りました。

本著では、ワーママ5年目の皆さんが漠然と抱えている不安を項目立てし、リアルなワーママからのアンケートをとった上で、専門家の皆さんに聞いた解決法と、先輩ママたちの体験談をまとめました。目的はもちろん、皆さんにこれからの長いワーママ生活をより楽しく、自分らしくエンジョイしていただくことにあります。

ワーママ5年目前後の方はリアルタイムのこととして、ワーママ1年目、ママ1年目の方、これからワーママを目指す方は遠くない未来の参考として、手にとっていただけると幸いです。

『パワーママプロジェクト』の
活動実績

私たちは活動を開始してからまだ3年3ヵ月と若いコミュニティでは
ありますが、WEB上とリアルで、等身大ワーママの
ロールモデルシェア活動を地道に継続しています。
主な活動であるインタビューコンテンツを軸とした
「ロールモデルシェア」について、合計180名以上（2016年12月時点）の多様な
ワーキングマザーのインタビューを『パワーママプロジェクト』サイトに掲載。
リアルでは朝食会「パワーママmorning」や、夜のイベント「パワーママnight」に
おいて、各回でワーママが興味を持っていること・知りたいことをテーマにゲストを
招いてトークセッションを通し、ワーママ同士の出会いのきっかけや、
学びの場を創ってきました。
プロジェクト開始時はワーママという言葉自体も珍しく
「これがどう受け入れられるのだろう!?」と不安もありましたが、
本当に有り難いことに、多くの方の応援をいただき、
今日まで活動を継続することができております。
回数を経るごとに参加者は増えさまざまな方の応援をいただき、2016年には内閣府が
主催する「男女共同参画社会づくりに向けての全国会議」で登壇の機会をいただき、
2016年12月に開催した「第3回ワーママオブザイヤー2016」は、外務省が企画する
「女性が輝く社会に向けた国際シンポジウム」
World Assembly for Women（略称：WAW! 2016）にも
公式イベントとして登録されました。

パワーママnightの様子。ゲストのトークセッション、ママ向けサービスのLT（ライトニングトーク）、ネットワーキングを行います。

CONTENTS

CONTENTS

4章 子どもの勉強のためにママができることを考える 109

CONTENTS

CONTENTS

本文デザイン／齋藤雄介（ｂｌｕｅｖｅｓｐａ）
図版作成／福田茜
編集協力／相馬由子、栃尾江美、吉原徹（サグレス）、水谷映美、宇都宮薫

序章

5年目のワーママの本音

Question

10年後、20年後に自分がどう働いていたいか、キャリアプランを考えていますか？

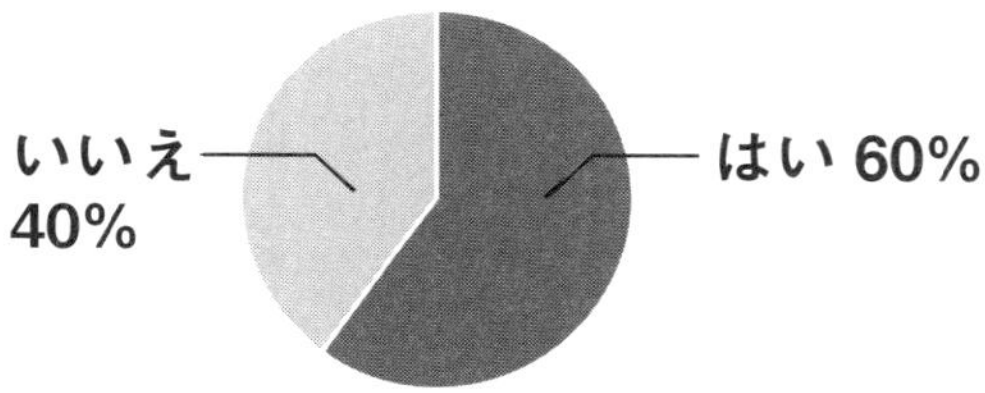

パワーママプロジェクト調べ
（100人アンケート・以下特に記載がないものは同）

子どもが5歳になると、自分でできることも増え、病気にもかかりにくくなり、保育園に入りたての頃と比べてかなり楽になったなと感じる時期。時短からフルタイムに戻そうかと考える人も出てきます。そんな時期の働くママたちは、これからの自分のキャリアについて、どう考えているのでしょうか。

10年後、20年後に自分がどう働いていたいかを考えているという人は60パーセントにも。「週2〜3日出勤し、その他は在宅勤務で、ボランティアなどにも参加したい」「地元と首都圏での2拠点生活」「専門性を高め、国外にも活動の場を広げたい」など、キャリアアップはもちろん、生活のスタイルに合った働き方を模索していきたいという意見も多く見られました。また、会社や社会に対して貢献していきたいという声が多かったのも特徴的です。「ママが働きやすい職場にしていき、本当の意味で女性が活躍できる仕組みを作っていきたい」「時間と場所にとらわれずに働けるママが増えるよう、女性の雇用や社会作りに貢献するような仕事をしていきたい」などには、乳児期から現在までさまざまな苦労を乗り越えてきた経験から、女性がもっと活躍できるより良い社会へという、ワーママならではの願いが表れているように感じられます。

Question

子育てと仕事の両立を始めてから、今までに仕事を辞めたいと思ったことはありますか？

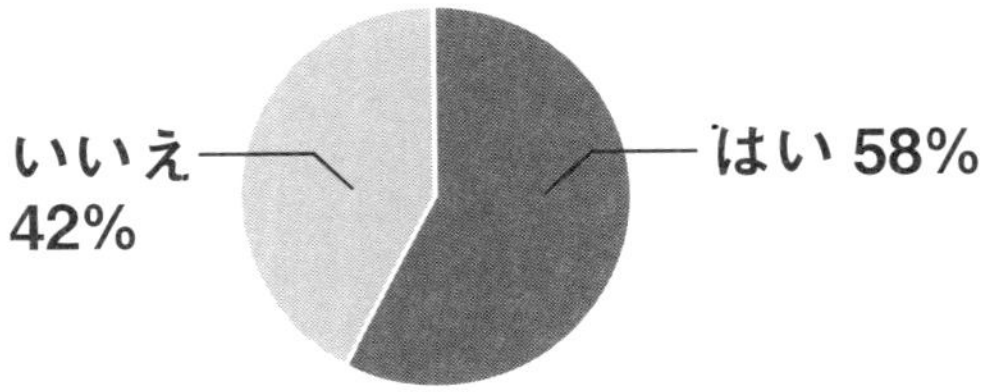

仕事にポジティブに取り組んでいるママたちでも、これまでに「仕事を辞めようかな」と悩んだ時期があるという人は多いようです。もっとも多かったのは「短時間で働く自分は職場の役に立っていないのではないか、迷惑なのではないかと思った時」「時短でクオリティの高い仕事をすることに限界を感じた時」「重要な仕事は任されないようになったと感じた時」など。また、子どもが病気になってもそばにいてあげられない時に悩んだという人も多く見られます。

「子どもが体調を崩し、病児保育やシッターさんに預けて数日。その後入院した時に、もっと子どものことをよく見るべきだったと、自分がやるべきことが何なのかわからなくなった」「子どもの病気で会社を休みがちに。病気になる娘に対してがっかりしてしまっていると気づいた時に、自己嫌悪に陥りジレンマを感じた」など、自分を責めてしまう経験、特に乳幼児期にはありますよね。

小学校入学も近づいてくる5歳児のママたち。子育てと仕事の両立も新たな段階を迎え、これまでとはまた違った悩みが出てきます。そこで1章からは、5歳児のママたちが抱く疑問や悩み、不安に、各ジャンルの専門家の方々に答えてもらいました。

私たちの悩みに答えてくれたのは……

リクルート ワークス研究所

石原直子さん

機関誌Works編集長。都市銀行、コンサルティング会社を経て2001年よりリクルートワークス研究所勤務。人材ポートフォリオ、ダイバーシティ、リーダーの研究などに取り組む。自身も小学生の息子をもつワーキングマザー。

©フジテレビ／林和也

花まる学習会 代表

高濱正伸さん

東京大学大学院修士課程修了。1993年に思考力と国語力と野外体験を柱とした花まる学習会設立。保護者などを対象とした講演は年間100回以上。著書に『小３までに育てたい算数脳』ほか多数。『なぞぺ～』は累計50万部を突破。

育児・教育ジャーナリスト

おおたとしまささん

株式会社リクルートを脱サラ後、育児、教育分野で執筆や講演活動を行っている。「パパの悩み相談横丁」を運営。著書に『ルポ父親たちの葛藤』『なぜ、東大生の3人に1人が公文式なのか？』など。

ファイナンシャルプランナー

畠中雅子さん

大学時代よりフリーライター活動をはじめ、出産を機にファイナンシャルプランナーに。教育資金や生活設計などのテーマを得意としている。著書は『結婚したら知っておきたいお金のこと』など60冊を超える。

通訳・翻訳・バイリンガルライター

川合亮平さん

東京とロンドンで活動するジャーナリスト、通訳、翻訳者、All Aboutのイギリスガイド。イギリス人の妻との間に３人の子どもがいる。著書に『なんでやねんを英語で言えますか？　知らんとヤバいめっちゃ使う50のフレーズ＋α』。

そして先輩ママの皆さんです！

1章

キャリアアップ？ ダウン？
働き方を考える

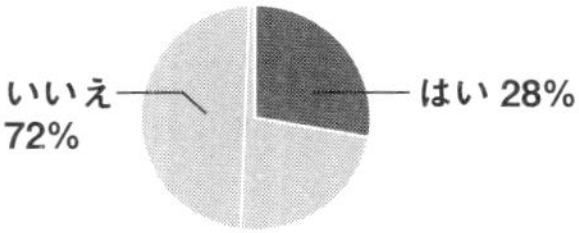

Q　今現在、時短勤務をしていますか？

意外にも時短勤務をしている人は約3割と少ないようです。時短勤務にしてお給料が減るよりも、フルタイムだけど定時に帰れるようにしているという声も聞かれます。

お悩み 1 時短からフルタイムに戻したほうがいいのかな？

短時間勤務制度を利用しているワーキングマザーにとって、フルタイムに戻すタイミングはとても悩みどころです。できれば今後も時短のまま働きたい……そう願う人も多いのではないでしょうか。

そんな時にはまず、数年後の自分の働く姿を想像してみましょう。

たとえば、時短勤務のまま仕事を続けた場合の10年後の自分。今40歳ならば50歳になっていますよね。その時、現在のような仕事のやり方で果たして良いのかどうか。

時短だからこの仕事はできませんとか、外出の多い営業は無理です、という姿勢のまま働き続けた場合、会社にとって、あなたを雇い続けている意味があるのか？　ということを考えてみましょう。

時短で働き続けるのであれば、その代わりになる価値を会社に提供する必要があります。

会社側からすれば、「たとえ働く時間は短くても、うちの会社にいてもらわなければ困

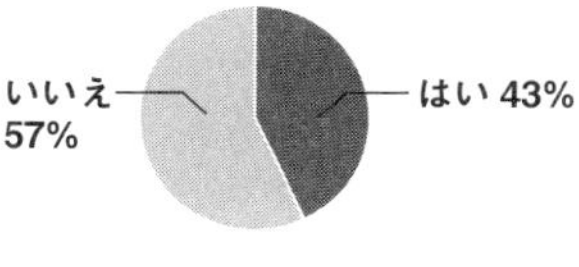

Q 時短勤務からフルタイムに戻したいと考えていますか？

今後フルタイムに戻したいという人は、半分よりもやや少ないという結果に。子どもが小さいとフルタイムで働くイメージがまだ湧かないという方もいそうです。

る。この人だからこそ、仕事を任せられる」という人でなければ、雇い続ける意味はありません。

つまり、今よりももっと貢献度の高い人材になっておかないと、会社での居心地が悪くなっていくのです。それは歳を重ねるほど、そうなります。

働く女性が増え続ける中、企業側はワーキングマザーを手厚く保護する制度を積極的に設けてきました。実際に、時短制度を活用して働く女性はたくさんいます。

ただし、時短勤務者が増えることによって、ひとりあたりの生産性が下がってしまうのでは意味がありません。**短時間でも生産性が高い人材になってもらわないと、ワーキングマザーを雇い続ける意味が会社にはない**のです。

2015年、「資生堂ショック」というワードが世間を賑《にぎ》わせました。資生堂が1万人の美容部員を対象に「育児中でも遅番や土日勤務に入ってもらう」という勤務制度改革に踏み切ったというニュース。資生堂といえば〝女性に優しい会社〟として評価されてきただけに、大きな物議を醸しましたよね。

でもこれは、当然の流れだと思います。化粧品売り場がもっとも忙しいのは、平日の17時以降と土・日・祝日。まさに、時短勤務では入れない時間帯です。この繁忙時間に顧客

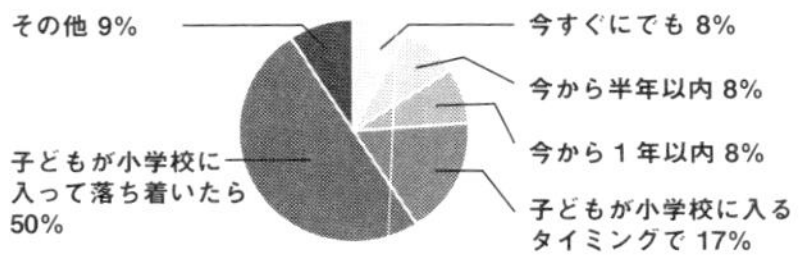

Q いつ頃フルタイムに戻したいと考えていますか？

「小１の壁」をある程度乗り越えてからと考える人が半数。周囲のサポート体制などにもよりますが、小１がひとつの区切りと考える方が多そうです。

対応をしていない人は、やはり戦力としてカウントしづらいのが会社の本音。

平日の昼間と平日の夜や土・日・祝日では、来店するお客様の数も客層もまったく違います。平日の昼間だけでは、リアルな顧客のニーズを知る機会も少なくなり、短時間でより多くの顧客を満足させられるようなスキルも身につきません。フルタイム勤務の社員と能力差が出てしまうのは当然のことです。

また、時短勤務者が増えたことで、そのしわ寄せは通常勤務の社員に及び、士気も減退、売上減となり、結果的に雇用減へとつながるおそれがありました。

つまり、「資生堂ショック」は、**より多くのワーキングマザーに働き続けてもらうためには、あと一歩、会社への貢献や自分の能力向上に対する意欲を見せてほしい、そうでなければ、会社として持ちこたえることが難しくなってきている、**というメッセージなのではないでしょうか。時短制度を使い続けられるかどうかは、現在制度を使っている人、一人ひとりの責任であるとも言えます。

時短のまま働き続けるか、フルタイムに戻すかの話に戻りましょう。

今後も今の会社で働き続けたいのであれば、もう一度仕事に対してパワーを差し出すことを求められる時が、いずれ必ず訪れます。そのタイミングで頑張れないと、あなたの価値がどんどん目減りしていくかもしれません。そんな危機意識を持つことが必要なのです。

時短かフルタイムかにかかわらず、大切なのは会社から必要とされる人材で居続けられるよう、今よりも高い価値を提供できる人材になっていくという自分自身の覚悟です。その上で、フルタイムに戻り今より時間でプラスアルファを生むか、時短のままであれば今より仕事の質でプラスアルファを生むか、今後のキャリアプランを考えながら決めると良いと思います。

(回答者:リクルート ワークス研究所　石原直子さん)

みんなのテクニック集 1
仕事の時短テク。

「割り込みの仕事を行える時間的余裕を持っておくことも大切だと感じています。1日のスパンでは難しくても、1週間のスパンであれば、わりと見つかると思います」

「会議や打ち合わせ、面接は終了時間を決め、無駄なく切り上げて時間を作る。また、3分の隙間時間でもできる作業をすることが早く帰る秘訣だと思います」

「まずはしっかり寝ること。タスクを一覧化して、オフィスにいないとできないことを整理すること」

「『明日でいいよ』と言われたことも、明日絶対にできる保証がないので、今日できることは今日やりきる」

「仕事の大まかなToDoスケジュールは会社のデータベース上で3〜4カ月後くらいまで管理し、時間が空いた時に少し先のToDoを確認し、少しずつでも早めにタスクを進める」

「自分の効率を上げるより、いろんな人を巻き込んでチームで動けるように頑張る」

「エクセル技術の向上。マクロを使えるようにしました！」

「集中して仕事をしたい時には、場所を変えたり、周囲に今から集中タイムだから話しかけないでほしいと言う」

「接客業なので、笑顔と声を出して気分を盛り上げる！」

「ひとりでやれる仕事には限りがあるので、チームメートの得意不得意を組み合わせてパフォーマンスを上げられるように仕事を割り振っておく」

「社内外のコミュニケーションを良好に保つことを常に意識しています。そうすることで味方が増え、協力体制が整うので」

「自分のワクワクすることに仕事を寄せていく」

お悩み2

こんなに大変な思いをして、仕事を続ける意味あるの？

ワーキングマザーって、やっぱり大変です。働きながら子育てをして、家事をこなして……ひとりでいくつものタスクをこなすわけですから、当然楽なことではありません。

そんな中で、子どもが中学生ぐらいになるまで、この先何度も「こんな大変な思いをして、子どもに寂しい思いをさせてまで、仕事を続ける意味があるのだろうか？」と疑問を感じる時期が来ると思います。小学校に入る、塾に通い出す、お受験を考える……でもそのたびに悩むのって、すごくしんどいことですよね。

だから、ある程度腹をくくっておくことが大切なのではないでしょうか。

少しずつですが、確実に、子どもは手がかからなくなっていきます。

たとえば、今子どもが5歳なら、あと10年もしたら15歳。ほとんど何の手間もかからなくなります。小さな頃は、何から何まで手伝ってあげなくてはいけなかった、それが少しずつ自分でできることが増えてきて、いつのまにかひとりで何でもできるようになります。お稽古ごとに関しても、親が送り迎えをしていたのが、少し大きくなってくるとひとりで帰れるようになる。家で留守番をすることも可能になってきます（ここでまた、2人目3人目が生まれると、大変な時期が再びやっては来るのですが……）。

その時の自分自身の年齢を考えてみましょう。まだまだ人生は長いということがわかりますよね。だからこそ、**子どもに手がかからなくなったなと思った時に、子ども以外に自分のやるべきことや求められている場所があるか否かで、人生に対する肯定感が違ってくる**と思うのです。

仕事をしていると、お金を稼ぐことはもちろんですが、それ以外にも得るもの、「嬉《うれ》しい」「楽しい」と感じることはたくさんあります。たとえば、仕事を通じて新たなことを知ることができて楽しい、職場でできた友達と話をすることが楽しい、仕事のためにキチンとした格好をする、メイクをするのが楽しい、お客さんに「ありがとう」と言われるのが嬉しい……。そんな、子育てだけでは感じられない楽しさ、そして家庭以外で自分が必要とされている場所があるということは、自分の人生における自己肯定感を得るためにとても大切なことだと思います。

だからこそ、これから先も辛《つら》いと感じることや悩むことが何度もあると思いますが、「それでも、仕事は続けるんだ！」と腹をくくれるといいと思います。

（回答者：リクルート ワークス研究所　石原直子さん）

お悩み3

職場での評価を得られていない気がします

仕事をしていく上で、職場からの評価はやる気につながりますよね。評価が低ければ、その分やる気も損なわれてしまうものです。

でも、正当に評価されていないかも……と考える前に、まずは自分自身がどれくらい会社に貢献できているか、どんな価値を提供できているかを考えてみましょう。

企業側は、ワーキングマザーに対するさまざまな制度……もちろん、まだまだ課題はありますが、時短勤務や育休制度を作るなどして、昔よりもずいぶん働く女性を優遇する姿勢を見せてくれています。そこに、もしかしたら甘んじている点はないでしょうか。

時短なので大きな仕事はできません、時間内にできる仕事しかしません、とこちらの権利ばかり主張していては、その分の評価しかされないのは当たり前の話です。その評価を見て、「自分は会社に評価されていない」とモチベーションが下がってしまい、評価に見合った働き方しかしなければ、当然、いつまで経《た》っても会社からの評価は上がらない。まさに悪循環です。そのまま気づけば10年20年が経過していた……というケースは珍しくありませ

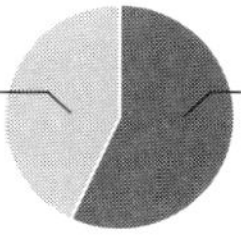

Q 今の仕事、職場への不満はありますか?

仕事への不満は何らか持っている人が多いと思いますが、不満がない人が4割以上と、意外と多い印象。充実したワーママが増えているということかもしれません。

ん。

そして、納得のいかない条件のまま、だんだんと居心地が悪くなって、仕事を辞めようかと悩む。でも踏ん切りがつかないまま、なんとなくそのまま働き続ける。

これでは、働いている楽しみがありませんし、会社にとっても自分にとっても良い状況とは言えませんよね。

子どものことを大切に思う気持ちは、どんなお母さんも同じ。でも、同じくらい仕事も大事です、頑張りますと思ってくれない人に対して、会社は評価してくれないのが現実です。

会社側から必要な人間だと認めてもらい、**正当な評価を得るには、まずは自分から会社に提供できるバリューを提示する必要があります。**そのバリューのひとつに「時間」があります。夜中でも対応します、休日でも仕事ができます、というのも、バリューのひとつ。

ひょっとすると、体力も時間もいくらでもある若者なら、それができるかもしれません。

でも、ワーキングマザーは時間を差し出すことはできません。**他の社員よりも長い時間は働けないけれど、「そのかわり○○ができます!」という、何か付加価値を見せなくてはなりません。**それは専門的な技術や特殊な職業能力かもしれない。折衝力が抜群に高いことだって、会社にとって戦力となる大切なバリューです。

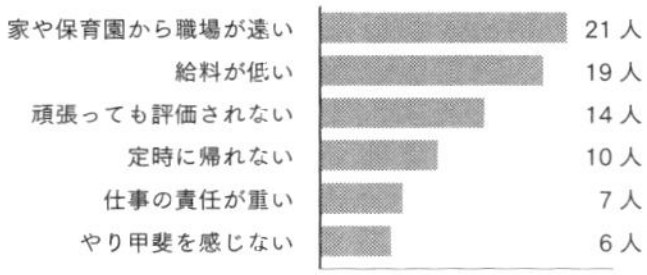

Q どんなことを不満に感じていますか？（複数回答）

左に挙げた意見の他に、「周りの人の子育てへの理解が少ない」や「定時に帰りにくい雰囲気がある」などの不満を持っている方も。

限られた時間の中でも、これだけのことができます、やっていますという姿勢を積極的に見せれば、それが自《おの》ずと評価につながりますし、待遇もより良いものになっていくことが期待できます。当然、報酬にも反映してくるでしょう。

逆に言うと、そうやって**バリューを会社に差し出していれば、「もう少しお給料を上げてもらえないか」という交渉をすることも可能です。**

また、たとえば家庭の環境などの理由で、どうしても仕事を続けるのが難しくなったとします。その時、**「あなたに辞めてもらうと困るから、在宅勤務もOKとしましょう」などと会社側から良い条件を提案してもらえることだってあり得ます。**

大切なのは、まず自分から会社にバリューを差し出すこと。そうすれば自ずと、あなたに対する信頼が生まれ、その信頼が将来的に、評価や今より良い処遇というものにつながっていくのだと思います。ですので、「会社から評価されていないかも……？」と不満に思う前に、今一度、自分がどれくらい会社に貢献できているかを見つめ直してみるといいと思いますよ。

（回答者：リクルート ワークス研究所　石原直子さん）

お悩み4

「小1の壁」って、いったいどれほどなのか不安……

「小1の壁」……ここ数年大きく取り上げられていますね。小学生になると、学童保育などを利用しても、延長保育があった保育園の頃に比べて子どもの帰宅時間が早くなる。ママ側としても、これまでのように短時間勤務が使えなくなるなど、小学校入学を機に直面する問題のことですよね。でも、結論から言うと、なんとかなります。

巷《ちまた》で言われているほど、大きな壁はないと私は思います。

親が思っているよりも早く、子どもはどんどん自立していきます。初めの頃こそ親が学童まで迎えに行っていたのが、だんだんと友達と一緒に帰ったり、ひとりでも帰れたり、というように変わってきます。子どもは順応性がとても高いですし、小学校入学後はちょうど心身ともに一気に成長する時期なので、想像以上のスピードで自立していくのです。「仕事を早く切り上げてお迎えに行かなきゃ！」というのも、最初の頃だけだと思いますよ。

それから、「夏休みのお弁当作りが大変」という声もよく聞きますが、お弁当作りだって3日4日で慣れるという声も多く聞きます。朝の段取りも徐々にうまくこなせるようになってき

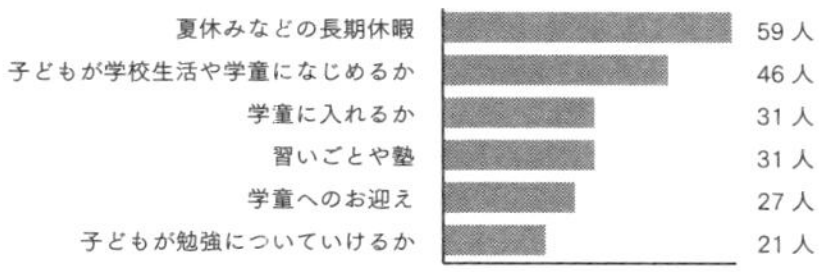

Q　子どもの小学校入学で心配なことは？（複数回答）

学童に通うことで、これまでと生活スタイルが変わることに不安を感じているママが多いようです。

て、手の抜き方もわかってきます。

もちろん、ママひとりで頑張るわけではなくて、同級生のお友達のママにお迎えを代わってもらったり、近くにご両親がいる場合は、帰宅後の子どもの面倒をお願いしたり、最初の半年だけはパパにもお迎えを協力してもらうなど、周囲のサポートにうまく甘えることも大切です。そして何より、子ども本人にも頑張ってもらわないといけませんよね。

そう考えると、**小学校に入学してから半年間くらい、少なくとも夏休みが終わる頃までは、やっぱりしんどいと思うことも多いかもしれませんが、それを過ぎると少しずつ楽になってくる**はずです。1年生になって、これまでと状況が一変するので、親も子どもも慣れないことばかりで疲れてしまう日々だとは思います。でも、最初の1年間はあっという間に過ぎていきます。

実際、「小1の壁が本気で辛かったから仕事を辞めました」という話はあまり聞きません。

これからお子さんの小学校入学を控えて「小1の壁」に戦々恐々としているママもいるかと思いますが、言われているほどの壁はない、そう考えて大丈夫だと思います。

（回答者：リクルートワークス研究所　石原直子さん）

お悩み5
契約社員のまま、ずっと働き続けられるのかな？

契約社員は雇用が不安定なため、いろいろと不安も出てくると思います。今後のためにも、いくつかのチェックポイントをお伝えしますので、一度ご自身でチェックしてみてください。

まず1つ目は、どんな勤務体系でも言えることですが、**求められている仕事をしっかりとこなせているか。**これを今一度確認することです。もしも、できていないと感じる点があれば、すぐに改善していく努力をしましょう。

そして2つ目に、冷静に今の職場を見ることです。たとえば派遣で働いている場合、その**職場の派遣スタッフは何歳くらいまでの方がいるのか、あるいは、何年くらいで辞めているのか。周りの状況をよく見てみましょう。**

派遣やパート、契約で働くということは、自分自身に理由がないところで肩を叩《たた》かれる可能性があるということ。それがいつ頃なのか、見極める必要があります。年齢的にそろそろリミットがくるな、という状況があれば、やはり覚悟しておいたほうがいいでしょう。

一般的に、40歳を超えてからの派遣や契約社員はやはり少なくなる傾向にあります。

たとえば、専門性は特に必要の無い仕事があったとして、時短勤務を希望している40代のワーキングマザーと、20代で「残業できます!」という女性がいたとしたら、会社が支払う報酬の面から考えても、どうしても後者が選ばれてしまうわけです。だからこそ、どうしたら安定した職が得られるのかを考えていく時期なのだと思います。

非正規の場合、**具体的な強みがあることが一番重要**です。エクセルはお手の物でマクロの入った表をあっという間に作れます、とか、パワーポイントがすごく得意なので、手書きのメモをすべてきれいに資料として作成できます、というように、具体的な強みがあるかどうか。雇用形態が不安定な人ほど得意分野を意識的に積み上げていかないと、年齢とともに仕事が見つかりにくくなります。

また、最近はテンプ・トゥー・パーム、いわゆる紹介予定派遣も増えています。派遣法も変わりましたし、今後も状況は常に変化していく可能性があります。より安定した立場に移る手段がないか常に目を光らせておくこと、そして卓越した業務スキルを身につけておくことが大切なのではないでしょうか。

(回答者:リクルートワークス研究所 石原直子さん)

お悩み6

「やり甲斐」を得られる仕事なんて、実際あるの?

「仕事におけるやり甲斐《がい》」って何でしょう? おそらくやり甲斐が明確に感じられるのは、お給料が上がる時ではないでしょうか。昇格した、良い評価がついてボーナスが多かった、という瞬間が一番嬉しいし楽しいですよね。自分がやってきたことが正しかった、会社に認めてもらえたという目に見える証拠なので、自己肯定感も得られます。

ものすごく会社に貢献をして、賞与も人より多いけれどやり甲斐を感じられない、というのならば転職を考えたほうがいいですが、普通は、仕事で一生懸命やったことを評価してもらった時にやり甲斐が感じられるもの。

ということは、「やり甲斐を感じられないから、仕事を一生懸命やらない」という考えは矛盾していますよね。「やり甲斐があることしかしたくない」ではなく、「一生懸命やれば、やり甲斐は得られる」ということなのです。**お金とやり甲斐は、後から付いてくるものです。**

もしも、**今の仕事にやり甲斐が感じられない、でもそのままなんとなく何年も経ってしまった……という人がいたら、まずは、今の自分がやっている仕事にポジティブに向き合ってみる必要**

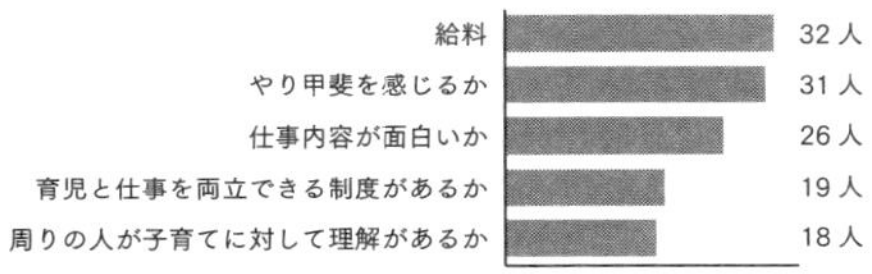

Q　転職するとしたら、何を重視しますか？（最大3つ回答）

やはり多いのは「給料」と「やり甲斐」。制度面も含め、育児との両立に理解があるかどうかも重要です。

があります。

そして、何をやったら自分はやり甲斐が感じられるのかを考えてみてください。

仕事の成果に対して上司や同僚から褒められた、会社からの評価が上がった、給与が上がった。おそらく、そういったことが、やり甲斐を具体的に感じさせてくれるものなのだと思います。つまり、結論から言うと、仕事を頑張る以外にやり甲斐を得る方法はないのです。

「本当はやりたくない仕事だから頑張れない」という場合は、どうやったらその仕事が好きになれるのかを、あるいは、もっと別の、自分が好きな仕事や働く道がないかを真剣に考えたほうがいいと思います。やりたくないのにただ漫然と働いているという状況は、ストレスでしかありません。

ワーキングマザーという、時間的に限られた中で精一杯働く。会社に貢献する。そのことが、結果的に自分への評価につながり、今よりも良い条件を提示してもらえるチャンスへとつながり、充足感を得られて、やり甲斐へとつながっていく。すべてはリンクしているのです。

まずは、自分からアクションを起こすことが大切なのだと思います。

（回答者：リクルートワークス研究所　石原直子さん）

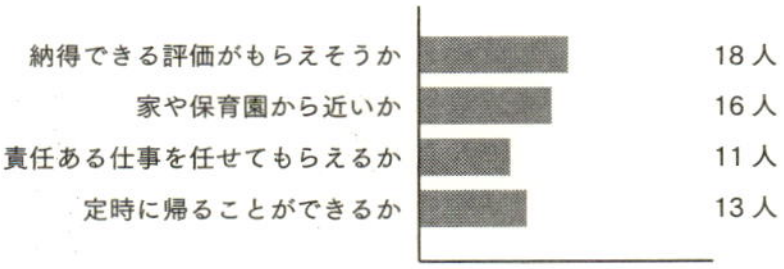

お悩み7

会社からは求められているけど、管理職なんて無理!?

管理職になることを会社から求められているということは、しっかりと自分のバリューを会社に差し出して、貢献しているということ。とても喜ばしいことですよね。とはいえ、いざ管理職というと、子育てをしながら働く形で本当にできるのか不安になってしまう人も多いでしょう。

ワーキングマザーも管理職になれるかというと、「なれる」のだと思います。

管理職というのは、ひとりではこなせない仕事を、自分以外の人の力を借りて、成し遂げていくこと。このメンバーで、どうやって仕事を進めていけばいいのかを常に意識しながらチームを運営していくのが管理職の仕事です。大切なのは、いかに自分の目標のために人が動いてくれるか、そのような環境を作れるか、ということです。

実はこの力は、家庭の中でも求められる能力。ワーキングマザーとして働こうと思ったら、そのためのリーダーシップが必要です。つまり、「仕事と家庭を両立させる」という自分の目標を、自分以外の人に手伝ってもらうわけですよね。夫や自分の両親、義両親、ママ友、自治体、保育園、学校、職場の人たち……もちろん子ども本人も然《しか》り。そういった周りの人たちに、「今日はあなたがお迎えに行ってね」「今週は子どもたちの面倒をお願いしてもいいですか?」「放課後の1時間だけ、うちの子も一緒に見ててもらえる?」とお願いできるかどうか。そして「喜んで協力するよ」と言ってもらえるかどうかが問われているわけです。

管理職も同じです。周りの人の力をうまく借りられるか否か。「あなたのために、喜んで私の力を差し出します」と、後輩や部下が言ってくれるかどうかなのです。

そのためには、部下との間にどういった人間関係を築けるかが肝となってきます。話を聞いてあげる、相手を思いやる、褒める、上手に叱る、これらすべてが、管理職として、その人の力を自分のために使ってもらうためのコミュニケーションの力です。そして、すべてをひとりでやろうとせずに、部下を信じて仕事を任せること。

ですので、ワーキングマザーだから管理職ができない、ということはないはず。むしろ、**働きながら子育てをしている時点で、管理職に必要なリーダーシップを、少しずつ身につけてきている人は多い**と思います。

管理職に必要なポイントは他にもあります。まずは、「何かあった時に、私があなたのやったことに対して一緒に責任をとります」という姿勢を見せていること。たとえば、「帰宅後は電話もメールも一切対応できません」ではなく、「18時から21時までは返事ができないけど、それまでにメールをくれたら21時以降に必ず返信するから」。そんなに難しいことではありませんよね。

このように、**自分にできる最善の方法で、部下のためにパワーを注《つ》ぎ込めるかどうか**が重要です。細切れでも、時間を有効活用することが必要なのです。

それから、**決断が早く下せるかどうか。**ただでさえ時間がないワーキングマザーです。部下から「この案件、進めてもいいですか？」と聞かれて、「ちょっと考えさせて。明日返事するわ」では仕事が滞るばかりです。イエス、ノーの判断を即座にできること、そのためには、普段からぶれない考え方の軸を持っていること、これが管理職には求められていると思います。

リーダーシップ、決断力、そして細切れの時間の有効活用。この3点をうまくこなしていければ、十分管理職が務まります。ワーキングマザーだから無理……なんてはなからあきらめず、チャンスがあるのならば是非チャレンジしてみてくださいね。

（回答者：リクルートワークス研究所　石原直子さん）

みんなのテクニック集②
周囲の理解を得るテク

「周りの人たちの置かれている環境にも細やかに目を向けて、自分のことだけでなく、周りの人たちの視点でも物事を考える姿勢を見せるようにしています。このことでお互いの思いやり、気配りができる環境が構築されやすくなりました」

「社内で働くママのボランティアチームを作って、産休や復職の支援セミナーや〝小1の壁〟対策などを実施しています」

「会社にいる時は基本的には前のめりな姿勢で仕事を引き受け、家にいる時も、電話やメールなどでできる限り対応する誠意を見せます」

「ギブアンドテイク。ここはできないけれど、逆にこの部分は私やりますよ！ という提示をしてみる」

「アシスタントの方に仕事をお願いする時は、度を超えるほどの感謝を表明する」

「『できない』『助けて』は具体的に素直にそのまま伝える」

「日常的に子どもの話をしたり写真を見せたりすると、周りの人もイメージが湧くみたいです」

「早めの報告、相談！」

「子どもが体調不良の時には、状況をありのまま詳細に、見通しも含めて伝える」

「余裕がある時は、他の人の仕事を手伝う。やりたくない仕事でもなるべく率先してやるようにしています」

「みんなから『自分も定時で帰りたい』という言葉を引き出し、一緒に定時で帰宅する方法を検討するプロジェクトを立ち上げた」

「中小企業で産休育休取得の第1号なので茨の道です。数字をクリアすることでしか納得してもらうことはできないかな……と思っています」

「雑用なども積極的に引き受けて、普段から信用貯金を貯めておく」

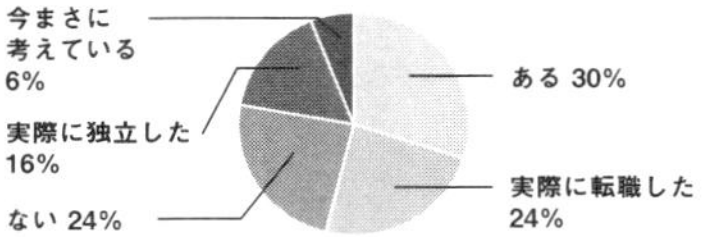

Q 出産後、転職や独立を考えたことがありますか？

実際に転職や独立をしたという人が40%もいました。考えたことがある人と今考えている人も含めると、考えたことがない人のほうが少数派です。

お悩み 8

もっといい働き方はないの？ 転職やプチ起業の可能性

ワーキングマザーにとって一番貴重なものは「時間」です。

1日24時間のうち6~8時間を仕事に費やしている中で、もし仕事に対して情熱が持てずになんとなく続けているのであれば、その時間がもったいないと思いませんか？

とはいえ、ワーキングマザーの転職は、やはり簡単なことではありません。まずは、本当に転職がベストな選択肢なのかを、今一度考えてみてください。

また、**実際に転職するか否かは、期限を決めて判断するのが良い**と思います。「今年度が終わるまでに○○ができなかったら転職しよう」という明確な形で決めておけるといいですね。その上で「転職したい」と決断した場合の転職活動のポイントをお伝えします。

今の時代、どこの企業もワーキングマザーのための制度が少なからずあるはずです。確認したいのは、その制度が実際に使われているか。また、使っている人のモチベーションが低くなっていないか、ということ。

そのためには、**転職の面接の際、最終面接に近づいたら「ぜひ社員の方とお話がしたいです」**

と伝え、できればワーキングマザーと男性の方ひとりずつと会う機会を設けてもらえるといいと思います。ワーキングマザーに対する制度はあるけれど、男性や管理職は長時間労働をしている……というような会社は、実際入ってみると辛いと思います。長時間働けないワーキングマザーは戦力外と言われているようなものだからです。こういった会社にわざわざ転職する必要はありません。

それから、まだ規模は小さいけれどこれから頑張っていこうという会社は、どうしても人材難なので、優秀な人材であれば時短でも大きな仕事を任せたい、と言ってくれるケースがあります。そのような会社を探し出すことも、転職を成功させる秘訣だと言えるでしょう。

一方で、会社員だけが仕事ではない、という考えもあります。事実、最近はママ起業家が増えてきています。ただし、起業するのは簡単だけれども、続けていくのは難しい。3年以上続けられている人は、ほとんどいないのではないでしょうか。やはり、飛び抜けた能力と自分を律する力が相当強い人でないと難しく、「誰でもできます」と言えるようなものではないのです。

仕事を続けるにしても、転職するにしても、起業するにしても、子育てをしながらやっていく中で、辛いことに直面する場面は必ずあります。それを覚悟の上で、より自己肯定感を抱ける場所を見つけていけるといいですね。

（回答者：リクルート ワークス研究所　石原直子さん）

お悩み 9

異動、できればしたくありません……

日本の会社の多くは、ゼネラリスト志向が強い傾向にあります。つまり、**いろいろな部署の経験を持ち、多角的な視点を持てる人のほうが評価されやすい**ということです。ですので、この先、管理職を目指すのであれば、特に正社員の人はぜひ、異動を経験して横のネットワークを築いておくことをおすすめします。

もちろん、スペシャリストとして、専門的な知識を持った人が偉くなれないというわけではありません。長く同じ部署で知識や経験を高めていく、という選択肢もあります。

ただ、上のポジションになればなるほど、さまざまな部署にネットワークがあって、横に対して話が通せる人間が重宝されるのは確か。もしも、出産後に復帰したら部署異動を余儀なくされた、ということがあれば、むしろその**異動を貴重な経験として捉え、今後に活かせるチャンスと考えてみてはどうでしょうか。**

とはいえ、異動にはデメリットも当然あります。新しい部署に行くと、これまで築き上げてきた「私という人間に対する信頼の貯金」がゼロになります。長くいた部署であれば、過去の実績や人柄から成る信頼という貯金を取り崩しながら、周囲の協力を得てワーキングマザーとしての制約を乗り越えることもできますが、新しい部署ではやりづらくなります。少なくとも、異動して数カ月は、しんどいと感じる部分が少なくないかもしれません。

そんな**異動したての数カ月をどう乗り切るか。「ここが仕事の頑張りどころ」という時期に、仕事に集中して取り組めるような仕組みを家庭内で作っておくことが必要**です。

「この3カ月だけは夜7時まで働きたい」、「朝8時には出社したい」ということを実現させるために、パパやおじいちゃん、おばあちゃん、子ども本人に対しても、どう協力してもらい、どう頑張ってもらうかを考えて、あなた自身で仕切っていかなくてはいけません。

逆に言えば、異動を機に集中して頑張れる環境を作り上げておけば、その後幾度となく訪れる正念場で、とても仕事がやりやすくなります。

「異動は絶対に無理」と可能性を自分から摘み取っていくことは、できればしないほうがいいです。チャンスがあるのであれば、異動を経験しておくことをおすすめしますよ。

（回答者：リクルート ワークス研究所　石原直子さん）

子育てしながら転職しました

転職をきっかけにして譲れない条件を提示できた

現在は、インターネットメディア「バズフィード日本版」のニューステームでエディター（デスク）をしています。転職前は出版社で週刊誌の記者をしていました。

週刊誌では自分の担当する校了日が月に2度ほどあって、その日は深夜まで残業が発生するので、シッターさんをお願いしていました。記者からデスクに昇進すると、残業は週2回必須になってしまうことに。週5日のうち2日も深夜までシッターさんに頼む状況はさすがに子どもの生活に無理があると判断し、もっと違う働き方ができないものかと模索し始めました。

そして、知人の紹介で今の会社に転職しました。

転職の時の面談では、定時の18時には必ず会社を出ることを申し出ました。そのかわりに、勤務時間内に最大限がんばること、時間あたりの成果を上げることを意識しています。結果的に保育園の迎えから寝る時間まで、子どもとの水入らずタイムが毎日確保できるようになりました。

子どもを寝かしつけた後に発生する仕事もありますが、優先順位をつけたり周りにサポートしてもらったりして、極力減らしています。子どもとの時間だけは死守できているので、転職前に比べたらずっと環境は良くなったと思っています。

転職活動をしてみて感じたのは、「子どもがいることをハンデだと思わなくても大丈夫」だということ。自分の身の回りにも、子育てしながらの転職でキャリアアップした人は大勢います。取材をしていると、最近の傾向としてやり甲斐のある仕事を求めて大手からベンチャーに移る方が多いと実感しますが、会社の規模にとらわれずに転職することで、「責任のある仕事」と「自分でタイムマネージメントができる立場」を確保する、というのもひとつの手段だと思います。

名前：小林明子さん
職業：BuzzFeed Japan ニュースエディター
子ども：10歳・4歳

元新聞記者・週刊誌記者で、現在インターネットメディアのデスク。夫は単身赴任、周りに頼れる人がほとんどいない中、保育園やフレックスタイム制をフル活用している。

子育て中ですが管理職です

責任ある立場になった今、受けた恩を返していきたい

子どもが小さい頃は、熱を出すたび親に来てもらったり、電話で部下に仕事の指示を出したりして、〝人に頼ること〟でどうにか乗り切っていました。現在は子どもも8歳になり、昔ほど手もかからなくなってきましたが、会社でも責任あるポジションになった今こそ、自分が受けた恩を返していかなければいけないと思っています。

育休明けの部下が子どもの急病などで突然数日休むこともあるのですが、私自身も経験してきているので、そういう事態は想定内。ミーティングでは、いざという時のサポート体制を事前に話し合っています。子育て中の共働き男性社員に対しても、日頃から「お子さんの調子はどう？」とコミュニケーションをとることで、「今日は自分がお迎えに行く番なので」と気兼ねなく言えるような風土になってきていますね。

管理職という立場の私が先陣を切って「子育てしてます！」と堂々としていれば、これからの人たちも遠慮せずにいられるだろうと思っています。

名前：奥村尚子さん
職業：金融ITコンサルタント
子ども：8歳

金融ITコンサルティングを行うベンチャー企業に勤務。2008年に長女を出産。翌年に復職し、金融ITコンサルティング部に所属。1時間の時短（10時〜18時）で勤務中。

先輩ママの体験談

子育てしながら起業しました

シッターさんをうまく頼って、すべてに完璧を求めない

息子が5歳の時、キッズ向けの写真スタジオ事業を立ち上げました。忙しい日々でしたが、週に数回シッターさんにご協力いただき、保育園のお迎えを頼んだりしていました。家族以外にも信頼できる保育者がいるのは息子にとっても良かったようで、実家が遠くて頼ることができない我が家にとって、「第2のお母さん」といった感じでした。

共働きなので、家事育児に関しては夫婦で協力しながらやっています。すべてにおいて完璧を求めていないので、相手のやり方に不満を持ったり揉めることもほとんどないですね。私は「努力」をするのが大好きなんですが、「無理」は絶対にしないんです。バタついている時には一旦立ち止まって「これは努力なのか、無理をしているだけなのか」自分の中で考えてみるようにしています。

挑戦したいと思った事業にとことん夢中になれている現状はありがたいですし、そういう姿を息子に見せ続けていきたいと思っています。

名前：二口恵子さん
職業：フォトスタジオ事業
子ども：12歳

ファミリー向けのフォトスタジオ「happilyフォトスタジオ」の経営に携わる。子育てをしながら事業を立ち上げ、今では6店舗を構えるまでに。

2
章

教育資金や老後のお金どうする?
家族のお金を考える

お悩み10

大学卒業までに、教育費用はどのくらいかかるの？

子どもの小学校入学から大学卒業までに必要な教育資金は、おおむね1000万～1200万円です。

「そんなに貯められない……」と感じる方も多いかもしれませんが、その半分にあたる500万～600万円は、子どもが高校を卒業するまでの期間に、毎月の家計から少しずつ払っていく教育費用の総額です。そして、残りの500万～600万円が大学進学のための資金になります。

つまり、**高校までは家計の中でまかなえる進学コースを選ぶこと、そして同時に大学進学のための500万～600万円を貯めること、**この2点が教育資金プランニングの原則なのです。

大学進学時は一気に出費がかさむこととなります。まず受験料だけでも平均30万～50万円ほどかかりますし、その他に入学金や毎年の授業料が必要です。国公立大学に進学（自宅通学）の場合でも、初年度は入学金や授業料などで平均175・8万円、2～4年目に

94万円、つまり400万円以上の費用が必要となってきます。もちろん、私立大学に通う場合やひとり暮らしの場合には、さらに大きな出費を覚悟してください。

こんな話を聞くとうんざりしてしまうかもしれません。しかし、教育資金は実は準備のしやすいお金でもあるのです。出費のタイミングがはっきりしているため、プランニングがとてもしやすいからです。

0歳から月々9000円〜1万円ほどの学資保険を積み立てれば、それだけで200万円ほどになりますし、児童手当に手を付けなければさらに200万円くらい貯蓄できます。これだけで400万円の基礎となる資金ができるので、本来、大学進学資金はそれほど無理なく貯められるはずなのです。

ただし、その一方で大学進学にあたって奨学金に頼らざるを得ない家庭が多いことも事実です。これは多くの場合、貯めておくべきだった大学進学用の資金を、それ以前に消費してしまっているケースです。本来、長期的に考えるべきにもかかわらず、「とりあえずやらせてみよう」と近視眼的に複数のお稽古ごとをしたり、お受験をしたりする方が多いのです。

もちろん共働きで世帯収入が1000万円以上ある家庭なら、将来の教育資金を貯めながら複数のお稽古をすることも可能でしょう。
しかし、世帯収入がそれほど多くないにもかかわらず、3つも4つも習いごとをするのは多すぎます。早期から子どもの教育にお金をかけていると、親は安心できるかもしれません。しかし、お稽古や塾は一度始めてしまうと中断が難しく、「早いもの負け」という側面があるので、まずは優先順位をしっかりと決めることが大切です。

（回答者：ファイナンシャルプランナー 畠中雅子さん）

小学校入学から大学卒業までの教育費

（単位：万円）

	小学校	中学校	高校	大学		合計
小学校から大学まですべて公立だった場合	193	145	123	484.9		945.9
小学校から大学まですべて私立だった場合	921	402	299	私立文系	695.1	2317.1
				私立理系	879.7	2501.7

※文部科学省「平成 26 年度 子供の学習費調査」／日本政策金融公庫「平成 28 年度 教育費負担の実態調査結果」より
※小学校から高校までは、給食費や習いごと、塾などへの費用も含む
※大学は、受験料や入学金など入学時にかかる費用も含む

お悩み11

高校まで公立で節約したいけど……

教育資金の中で、もっとも大きな金額が必要になるのは、子どもが大学に入学するタイミングです。そこでいくらかかるかは、高校選びによって決まってくると言っても過言ではありません。

では、高校をどう選ぶべきなのか。授業料だけで考えれば「公立高校は学費が安く、私立高校は高い」というイメージを持つ方が多いと思います。確かに学費は公立のほうが安いのですが、実はトータルで考えると、必ずしもそうとは言えません。高校進学時の教育費用を考える上で知っておきたいポイントがいくつかあります。

1つ目のポイントとなるのが、大学の受験料です。現在の私立高校の場合、半分以上の学生は推薦で大学に入ります。この場合、受験料は1校分しかかかりません。一方、公立高校から大学に進む場合で、私立大学を中心に受験するには、平均30万～50万円ともいわれる受験料が必要になります。

そして2つ目、塾にかかる費用も重要なポイントです。私立高校だと塾にかかる費用を抑えることができるケースが多いのをご存じですか？　進学校と言われる私立高校の多くでは、塾の「出張講習」などが行われており、その価格も1講習につき数百円〜数千円程度と比較的安価に設定されているケースも少なくありません。また、授業のない土曜日に学校で開催される集中講義などに通えば、通塾のための交通費なども節約できます。

一方で、公立高校から大学に進む生徒の多くは塾に通います。夏期講習や冬期講習を含めた塾代が年間50万円を超えるケースも少なくないのが現実です。

公立・私立にかかわらず、「浪人」するかどうかも、教育資金計画を左右する大きな分かれ道です。公立高校に進んで浪人した場合と私立高校から推薦で大学に進んだ場合では、前者のほうがより多くの教育費用がかかるケースも多いと思います。結局、どのような進学コースを歩むかによって教育費用は大きく異なるので、「公立は安く、私立は高い」という単純な話ではないのです。

3つ目のポイントは、私立高校に通う生徒の家庭を対象とした国や都道府県の助成金制度。世帯年収によって助成額は異なりますが、年間20万〜30万円ほどの助成を受けている家庭はとても多いと思います。

「うちはお金がないから絶対に私立に行かせない」というのは、教育資金プランニングで

はなく、ただの思い込みです。高校の情報を収集し、トータルで判断していけば、それが思い込みだということがすぐにわかるはずです。そして、柔軟な判断さえできれば、教育費というのは案外コントロールできるものだということも……。

さて、公立高校に進むのか私立高校に進むのか、その判断はどのタイミングですべきでしょうか？

私は、子どもが中学校2年生のタイミングが適切な時期だと考えています。この頃になれば、親も子どもの学力をおおよそ把握できますし、文系・理系のどちらが向いているのかも想像しやすい。また、公立に行って塾に通いながら自分の力で大学に進みたい子や、推薦でのびのびと大学を目指す子など、子どもの性格によって進学コースを考えることもできるからです。

進学コースを決めたら、「私立に行くなら、こういう形で大学に進む」「公立に行くのなら、かけられる塾代はここまで」などのプランをきちんと決め、子どもが高校生になったら、家庭の教育資金計画をしっかりと子どもに伝えましょう。よく**「お金の心配はしなくてもいい」と子どもに伝える方がいますが、これは良くない**と思います。

子どもも中学生や高校生になれば、自分の家庭の事情をある程度は理解しています。

また、多くの高校では2年生の時点で国公立か私立か、文系か理系かなど、進学コースに応じたクラス分けが行われます。つまり、教育資金の中で比重の大きな大学の費用が、このタイミングで決まるのです。だからこそ親子で価値観を共有して、納得できる進学コースを選ぶべきでしょう。

(回答者：ファイナンシャルプランナー 畠中雅子さん)

学年別・補助学習費

（単位：万円）

	公立	私立
中学１年	15.6	17.8
中学２年	20	19.3
中学３年	38	21.3
高校１年	9.6	14
高校２年	12.3	20.3
高校３年	18.7	27.6

※文部科学省「平成26年度 子供の学習費調査」より
※補助学習費とは、学習塾費、家庭教師費、家庭での学習に使用する図書費など。

お悩み12

学資保険って、本当に必要ですか？

0歳から学資保険を月々9000円～1万円ほど積み立てていけば、18歳満期の時点でおよそ200万円になります。さらに、児童手当をそのまま貯蓄すれば200万円ほどになりますので、それと合わせて400万円。これだけで、大学進学時に必要な教育資金のベースを固めることができます。

現在は、マイナス金利であるにもかかわらず、学資保険の予定利率（事業費分を除いた保険料金を運用する際に約束された利回り）は、あまり下がっていません。販売を停止している商品も出てきていますが、有利な金融商品と言えます。

「運用したほうが利率が高い」「他の金融商品のほうが利率が良い」……といろいろ考えをめぐらせるのは構いませんが、悩んでいるだけで何もしないのが、お金を貯められない人のパターンということもお忘れなく！ **よほど金融商品に詳しい方でなければ、迷わず学資保険に加入すべき**だと思います。

学資保険は、返戻率《へんれい》（支払う保険料の総額に対して、受け取ることのできるお金の割合）

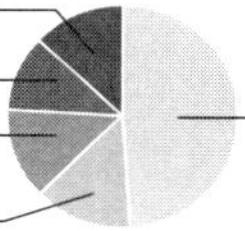

Q 子どもの教育費はどんな方法で貯めていますか？

学資保険を利用している人が約半数。やはり、貯金する目的を「子どもの将来の学費用」と決めて貯めていくことが大事と考える人が多いということですね。

が高く、貯蓄性を重視したものもたくさんあります。ただし、マイナス金利の影響で、販売を控えている保険会社も出てきていることには、注意が必要。また、加入可能年齢は下がる傾向にあります。そのため、0歳の時点で学資保険に入っていなかった方でも、就学前などの加入できるタイミングであれば、学資保険に入るのがベター。もし加入可能年齢を超えてしまった場合は、他の保険に加入するよりも定期預金などを利用するのがおすすめです。

医療保障を付けられる学資保険などもありますが、公的な医療費助成もかなり良くなっていますし、必要性は高くないと思います。また、高校入学時にお祝い金が出るタイプの学資保険もありますが、**学資保険は大学進学資金のベースとして活用したいもの。高校卒業以降に受け取れるタイプを選択しましょう。**

（回答者：ファイナンシャルプランナー 畠中雅子さん）

お悩み13

教育費って、家計の何パーセントくらいが適切なの？

理想を言うならば、**家計に占める教育費の割合は、10パーセント（子ども2人の場合で12パーセント程度）が適切**です。

ただし、親の意思で教育費をコントロールできるのは、子どもが中学生になる前まで。中学生になると、塾代などで毎月ひとりあたり3万〜4万円程度はかかりますし、高校生ではそれ以上の金額が必要になるケースも。

つまり、中学生以降は理想的な支出の割合に収まらない金額の教育費が必要になるケースがほとんどなのです。そんな中、多くの家庭が限られた家計の中で、なんとかやりくりしている状況だと思います。

中学以降の教育費がコントロールできない分、小学生までの教育費はしっかりと管理したいものです。たとえば共働きしている夫婦なら、子どもが小学生になるくらいまでは家計には余裕があることも多いですよね。だからついレジャーに使ったり、被服費に使ったり、いくつもの習いごとをしてみたり……と、必要以上の消費をしてしまうのだと思います。

もちろん習いごとなどを通じて、子どもの可能性を広げることは大事ですし、「我が子を将来プロのダンサーに」「バイリンガルに」と親が夢見ることも自由です。ただし、夢を見るのはあくまでも家計の範囲内で！　夢が叶《かな》わなかったり、変わったりした時のためにも、大学進学という選択肢を残しておいてあげることが必要だと思います。家計の楽なこの時期こそが、将来の教育資金を貯めるチャンス。長期的な視点で家計を管理していくことが大切なのです。

また、教育費のコントロールが難しくなる中学生以降に頼りになるのが、ママの収入です。派遣社員や契約社員として働くママなら、月々15万～16万円程度の収入を得ることができるはず。その分を家計に上積むことができれば、十分に教育費をまかなえるはずです。

共働きだけどやりくりが厳しい、という場合もありますが、**世帯年収が700万円ほどあれば、借金せずに大学まで進学させることが可能**です。一方、それ以下の場合は、家計のどこかを削るなどさらなる工夫が必要ですので、じっくりと資金計画を考えてみましょう。

（回答者：ファイナンシャルプランナー　畠中雅子さん）

お悩み14

分譲か賃貸か……それが問題だ

分譲住宅か、賃貸か。住宅をめぐるお金の悩みは多いものですが、結論から言えば、私は「どちらでも構わない」と思っています。

よく分譲と賃貸、それぞれにかかる資金のシミュレーションなどを見かけますが、シミュレーションは前提条件を変えるだけでさまざまな結果が出るもの。だからそれを見て、損得を判断するのは意味が無いと思っています。

分譲か賃貸かを選択する際に理解しておくべきことは、それぞれに異なる種類のリスクがあるということ。たとえば、分譲住宅には「住宅ローン」というリスクがあります。ローン返済期間中にライフスタイルが変わったとしても、基本的にはローンを払い続けなければなりません。

一方、賃貸住宅には、老後資金を多めに準備しなければいけないというリスクがあります。分譲であればローン返済後も住み続けることができますが、賃貸は老後も賃料を払い続けなければいけないわけですから……。

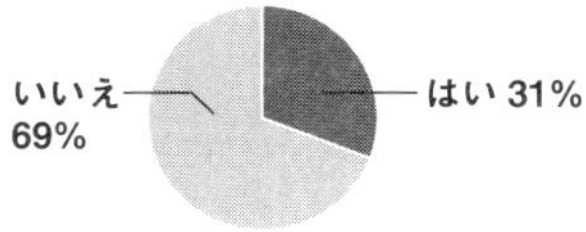

Q　現在住んでいる家は賃貸ですか?

住宅を購入している人が約7割という結果に。家族が増えることによって手狭となり、子どもが産まれるのをきっかけに住宅の購入を考える人は多そうです。

このような**異なる性質を持つ2つのリスクのうち、どちらを選択するか。これが分譲か賃貸か、という問題の本質**だと思います。

それをふまえた上で、分譲住宅を購入するという選択をする際に、ひとつ気をつけておくべきことがあります。それが、住宅ローンをスタートするタイミング。今の若い方は真面目なので「頭金をきちんと貯めてから、ローンを組みたい」と考える人も多いのですが、実は**頭金を貯めている時間もリスクのひとつ**なのです。

たとえば3000万円の物件を購入するための頭金を300万貯めた、30歳の人がいるとします。この人が5年かけてもう300万貯めると、頭金は確かに600万円になります。けれど、ローンを開始するのが35歳なら、終わるのは70歳になってしまいますよね。

これが、もしも30歳・頭金300万円の時点でローンを開始して、300万円を繰り上げ返済したとしたら……?　300万円分を繰り上げ返済することで支払期間を5年短縮できますから、ローンを払い終わるのは60歳の時。頭金600万円が貯まるのを待ってローンを開始するのに比べ、10年も早く支払いが終わります。60歳でローンが終わるか、70歳まで払い続けるか。どちらのリスクが高いか、考えてみてください。

ちゃんと繰り上げ返済できるプランニングをして、早めにローンを組むことが大切なの

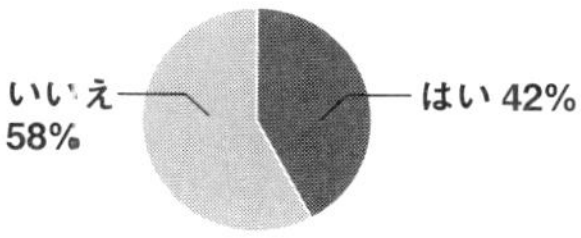

Q 賃貸に住んでいる方は、住宅購入予定はありますか？

約4割の人は今後住宅を購入することを考えているという結果に。住宅購入を検討するかどうかは、自分と夫の年齢によっても変わりそうですね。

です。

「頭金1割でローンを組むのが怖い」という人もいますが、私から見ると「ローン返済終了年齢が遅くなるほうが怖い」！ 子どもが小さいほど繰り上げ返済もしやすいので、「分譲住宅を買う」と決めたら、ローンの開始を遅くする理由はありません。

（回答者：ファイナンシャルプランナー 畠中雅子さん）

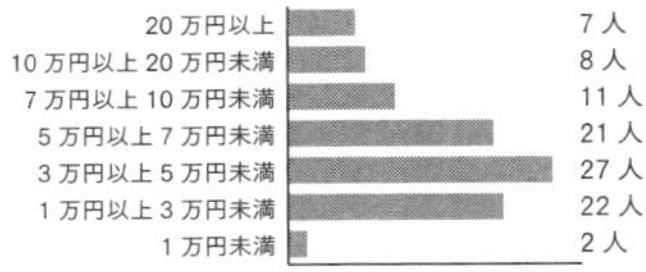

Q　自分で自由に使えるお金は？（月額）

いくら共働きとはいえ、自由に使えるお金がそれほど多いわけではなさそう。3万円以上5万円未満と1万円以上3万円未満を選んだ人が多いという結果になりました。

お悩み15
お金が貯まる家計の管理方法を知りたい！

共働き家庭の場合、家計を透明化することがもっとも大切なポイントです。

夫婦がそれぞれ月々の予算を出し合って暮らす家庭もありますが、そういう家庭では、子どもにお金がかかる高校生ぐらいのタイミングで家計が破綻してしまうケースも多いのです。

根本的な原因としては、毎月決まった金額を家計に入れることで、お互いに責任を果たしているような感覚になり、残ったお金をお小遣いとして使ってしまうことなどが挙げられます。

また、お互いの収入や貯金をきちんと把握できず、教育費用などの大きな出費が必要なタイミングで「2人とも貯金がない」という状況になってしまいやすい……つまり、家計の問題が露呈するのが遅れてしまうことも原因のひとつと言えるでしょう。

「うちは夫婦ともに収入が多いので大丈夫」と考える方もいるかもしれません。しかし、世帯年収が1000万円台後半のご家庭って、貯金が少ないことが多いのです。

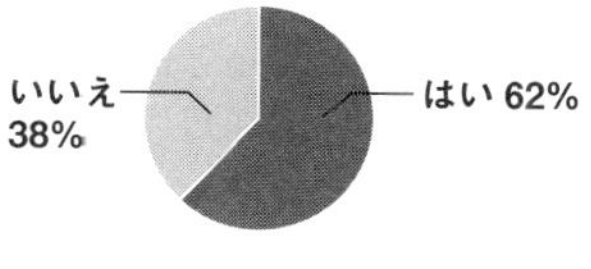

Q　夫婦でお財布を分けていますか？

共働きだと、お互いの懐事情を知らないというケースも多いと聞きます。やはり、財布は分けているという夫婦が6割以上という結果になりました。

たとえば、夫婦ともに年収が800万円あった場合、月々の手取りは40万円弱ぐらいになっているはず。そのくらいあれば、家計にそれぞれ15万円ずつ入れても、かなり余裕がありますよね。そうすると海外旅行に行ったり、ぜいたくな買い物をしてしまったりして、案外お金が貯まらないので要注意です。

また、片方は貯めていたのに、もう片方は貯めていなかったということになると夫婦喧嘩の原因にもなってしまいます。世帯年収が多い方も、なるべく早いタイミングで家計を透明化することが必要だと思います。

家計の透明化というのは、必ずしも家計用の口座をひとつにして管理するということではありません。大切なのは、お互いにどれくらいの収入や貯金があって、その中からどちらが何にお金を使うのかを共通認識として持っておくということ。

子どもが小さいうちはそれほど大きなお金が必要ないので、家計の透明化をしなくてもやっていける家庭も多いでしょう。しかし、高校生になってくると「合宿代5万円が必要」なんてことが突発的に起こります。そんな時にどこからそのお金を払うのか、きちんと約束として決めておくとよいですね。

家計の透明化を進める時のポイントは、月々の収入や貯金額、1カ月の家計に必要な金

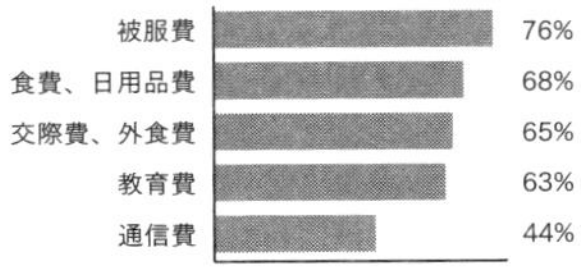

Q　家計の支出の中で、おもに自分が払っているのは？（複数回答）

食費や日用品、交際費、外食費など、日常的な出費は妻が担当し、ある程度まとまった出費は夫が担当するという分け方をしている夫婦が多そうです。

額やお互いの支払い項目などを書面で残しておくこと。まずは自分の収入や貯金額などを紙に書いてご主人に渡し「私も書いたからあなたも時間のある時に書いてね」と伝えるのが良いと思います。お金の話は、たとえ夫婦の間であっても、話し合いではなかなかうまくいきませんから……。

また、約束事を決める時のポイントは、**家計に関する「現在」と「将来」のことだけをしっかりと考えること。**夫婦間でお金の話をする際によく喧嘩になるのが、「あの時はこんなにお金を使った」「もっと節約してくれれば」という「過去」の話です。けれど、すでに終わったことを話し合っても建設的ではありません。「現在」の状況を把握し、「将来」について約束事を決めましょう。

家計を透明化するタイミングは早ければ早いほどいいと思います。子どもが大きくなればなるほど、必要になるお金の額も大きくなってきますから、できれば小学校時代までには透明化を進めておきたいですね。

さて、家計を透明化した上で、どうやってお金を貯めていくのか。これも大きな問題です。

「貯金が苦手」という方も多いと思います。実は、私自身も貯金がなかなかできない性格

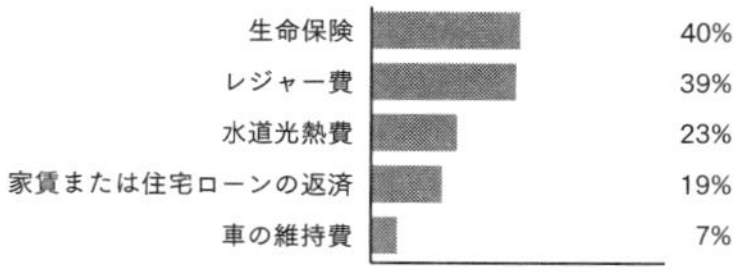

で、口座にお金があるとついつい買い物をしてしまいます。そんな性格の方には、ネット銀行などで取り扱っている、定期的に自分が希望した金額を、給与振込口座などから取り寄せてくれる（資金移動してくれる）サービス（77ページ参照）を利用するのがおすすめです。

（回答者：ファイナンシャルプランナー 畠中雅子さん）

お悩み16

老後資金、もうそろそろ貯め始めたほうがいい？

老後資金についての考え方は、子どもを産んだ時期によって大きく異なります。

20代で子どもを産み、**50代前半で子育てが終わってしまうような家庭の場合は、老後資金のことはひとまず後回し**にして、子どもを育て上げてしまったほうが良いでしょう。50代前半なら、多くの人が定年を迎える60代半ばまで、まだ10年あります。その10年間で老後資金を貯めることは十分に可能です。

一方、**50代後半以降に子育てを終える家庭の場合は、教育資金と同時に老後資金を貯めることを考えなければいけません。**子育ての終了と定年がほぼ同じ時期にくる方も多いので、老後資金を貯める期間が短いことを認識しておくべきです。

また、2人目、3人目の出産を考えるなら、できるだけ早いタイミングで産むことを意識したほうがよいでしょう。きょうだいの年齢の間隔が長くなればなるほど、子育て期間も長くなってしまいます。教育資金が必要な期間がだらだらと長く続くため、お金の貯め時を見極めるのも難しくなってしまいます。

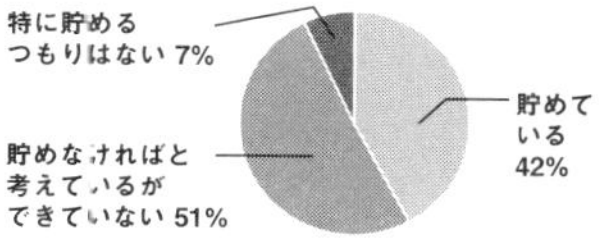

Q 老後資金を計画的に貯めていますか？

すでに貯めているという人よりも、貯めなければと考えてはいるが、まだできていないという人が多いようです。老後資金は、教育費と比べると後回しになりがちです。

老後資金と教育資金を同時に貯める晩産家庭の場合、子どもの大学入学時に奨学金が必要になるケースもあります。「子どもがかわいそうだから」と老後資金を大学進学費用にあてる方もいますが、トータルで考えてどの選択がベストなのかをしっかりと考えないといけません。

老後に必要な資金は、3000万円、5000万円、7000万円、1億円など、さまざまな意見があります。けれど、自分で計算して2000万円しか貯められない人が、5000万円や7000万円を目指しても意味がないですし、そのために無理な資産運用に手を出す必要もありません。

大切なのは、自分で貯められそうな額をきちんと設定して、後1割でも2割でも増やしていくことです。

ちなみに、**現在の60歳以上の平均貯蓄額は、1600万円台。3000万円なんてない**のです。それで多くの高齢者が生きていけないのかと言えば、そんなことはないわけです。自分たちなりに最大限の老後資金を貯め、後はその資金の範囲でできる暮らしをしていくのが現実的ではないでしょうか。

（回答者：ファイナンシャルプランナー 畠中雅子さん）

お悩み17

もし親が倒れたら、介護費用はどうしよう

結論から言うならば、**親の介護費用は「親の持っているお金」で支払うのが原則**です。少し冷たく思えるかもしれませんが、そうでなければ親子共倒れになってしまう可能性が高くなってしまうからです。

親が介護施設などに入らなければならなくなった時、多くの方は「月1万～2万円くらいなら仕送りできる」と考え、介護費用の負担を始めます。しかし、最終的に介護費用の負担額は1万円や2万円では済まなくなりますし、自分たちの収入も上がり続けるわけではありません。そうやって金銭的負担が増えていった結果、もし介護費用が払えなくなってしまったら？　親は施設を出なければならなくなるかもしれません。

これまで介護費用をめぐる相談を数多く受け、200箇所以上の高齢者施設を見てきましたが、親の介護費用を負担するために無理をして失敗してしまうケースのなんと多いことか……。両親の暮らし、自分たちの暮らし、そして将来の子どもたちの暮らしを守るためにも、介護費用は親の持っているお金の範囲内でできることをするべきだと思います。

親の持っているお金が少ない場合は、情報でカバーしましょう。実は**介護は「情報戦」。**知識や情報を持っていることで、とれる行動や入れる施設の選択肢がぐんと広がります。

たとえば多くの特別養護老人ホームの場合、収入によって5万円、10万円、15万円と月額の負担金が変わってきます。収入のない状態であれば、5万円で入れるわけです。東京だと特別養護老人ホームの定員に対して4万3000人（2014年3月発表、厚労省HPより）が待機している状態だったりもするのですが、この問題も、地方に行けば比較的解決しやすくなります。親の居住地を変えることで問題を解決するという選択肢もあるのです。もちろん、遠距離になることでなかなか会いに行けないのはかわいそうですが、親と自分たちの生活が破綻してしまうよりはよほど良い選択だと言えるのではないでしょうか。

介護付き有料老人ホームやケアハウス、サービス付き高齢者向け住宅など、全国にはさまざまな種類の施設がありますが、良い情報はなかなか表には出てこないものです。優れた施設やサービスと出合うためには、やはり足を使って情報を集めるしかありません。

親が倒れた後に焦って施設を探すと、資金的に無理があるところに入らざるを得なくなるリスクも高まります。

私は、「介護に関する情報は、親世代が自分の責任において、自分が払えるところを見つけるべき」と考えていますが、子ども世代が情報集めをサポートすることも大切だと思います。

（回答者：ファイナンシャルプランナー　畠中雅子さん）

お悩み18

少しでもお得に貯蓄ができる金融商品を教えて！

マイナス金利が導入され、金利全般が大幅に低下している現在、お得に貯蓄をするなら、**特典付きの定期預金に注目**してみるのがおすすめです。株式投資などの資産運用と違ってリスクもありませんし、全国の各行がお得な特典付き商品を展開しています。

たとえばスルガ銀行の**「ジャンボ宝くじ付き定期預金」**は、預け入れ金額に応じて宝くじをもらえる商品です。100万円1口ごとに3年間合計30枚のジャンボ宝くじが届くのですが、実はこれまでこの定期預金を通じて11人もの億万長者が出ていることで有名です。スルガ銀行では、高額当選者が多いことで知られる東京の「西銀座チャンスセンター」で宝くじを購入し、静岡県の「三嶋大社」で当選祈願を行っているそうで、10万円以上の当選者は1528人にものぼるとか。せっかく定期預金をするなら、億万長者を夢見ながらお金を貯めるほうが楽しいですよね。

また、スルガ銀行には**「スペシャルギフト付き定期預金」**という商品もあります。これは、10万円1口として毎月抽選を行い、さまざまなギフトが当たるという定期預金。マイルや旅行券が当たるＡＮＡ支店、ホテルやレストランのペアチケットが当たるソネット支店などがあります。たとえギフトが当たらなくても、金利自体も良いので普通の定期預金よりはおすすめですね。

香川銀行のセルフうどん支店の**「超金利トッピング定期預金」**も、注目している商品のひとつです。名前こそふざけているように聞こえますが、内容的にはすごく頑張っていて、このご時世に金利が０・25パーセントもあります。一般的な普通預金の金利が０・００１〜０・００２パーセント程度ですから、１００倍以上の高金利です。

愛媛銀行四国八十八ヵ所支店の**「マイルプラス定期預金」**は、マイルがたまる上に金利も高めの商品ですね。預け入れ１万円につき１マイルが積算されるので、旅行が好きな方などにおすすめです。

このように、全国の銀行ではさまざまな定期預金商品を展開しています。ユニークな特典付きの定期預金商品なら、楽しみながら貯蓄ができるのではないでしょうか。

ちなみに、キャンペーンで展開されている定期預金よりも、ある程度経常的に展開されているものを探すのもポイントです。「キャンペーンごとに乗り換えているうちに、あちこちの銀行に数万円ずつ預金があって管理しきれない」……というような事態は避けるようにし

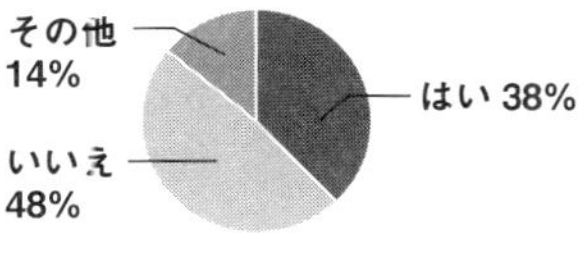

Q 老後資金の目標額や貯蓄方法は夫婦で共有できていますか？

「なんとなくは話しているが、あまり具体的なところまでは話し合えていない」という声もありました。また「話し合おうとしても話し合いが成立しない」という不満も。

ましょう。

このほか、ソニー銀行の「おまかせ入金サービス」や住信SBIネット銀行の「定額自動入金サービス」などを利用してみるのも良いと思います。これらのサービスは、普段使っている他行のメインバンクから自動的に指定した金額（1万円以上1000円単位）を手数料無料で引き落とし、自動で資金移動してくれるサービスです。「普段使う銀行口座にお金が入っていると、つい使ってしまう」という方でも、自動的に引き落とされるので教育資金の積み立てなどにも便利だと思います。

マイナス金利の今、預金ではなく株式投資に目を向けてみるのもおすすめです。

現在の株式は配当性向が高くなっています。た

お得に貯蓄ができる金融商品の例

スルガ銀行（一部のインターネット支店）	ジャンボ宝くじ付き定期預金	ジャンボ宝くじを預け入れ金額に応じてもらえる定期預金。取り扱い開始以来、10万円以上の当選者は1500人を超える。宝くじはすべて人気の宝くじ売り場「西銀座チャンスセンター」にて購入している。
スルガ銀行（一部のインターネット支店）	スペシャルギフト付き定期預金	預け入れ10万円を1口として、毎月抽選を行い、ANA支店ならマイル・ANA旅行券、ソネット支店なら有名ホテル・レストランのペアチケットなど、支店ごとに決められた賞品が当たる。
香川銀行セルフうどん支店	超金利トッピング定期預金	10万円以上100万円までを限度額とし、0.25%の高い金利がつく。期間は1年間。初回満期日以降は金利トッピング定期預金として自動継続される。
愛媛銀行四国八十八カ所支店（インターネット支店）	マイルプラス定期預金	預け入れ期間1年間、100万円以上で、1万円につき1マイルのJMBマイルが貯まる。金利は0.25%。初回満期日以降は四国八十八カ所定期預金として自動継続される。

※2017年2月6日現在

とえば20万円の株を買って1年で2000円の配当があれば、預金の金利よりはずっとお得ですよね。また、よく利用する企業の株を買い、株主優待などの特典を利用するのも良いと思います。

ただし、株式投資には当然リスクもあります。運用を考える前にまず貯金でベースを作ることが大切です。

（回答者：ファイナンシャルプランナー　畠中雅子さん）

お悩み19

生命保険ってやっぱり入ったほうがいい？

子どもがいるのですから、死亡保障は必ず加入してください。保障額は、最低でも2000万〜3000万円は必要です。30代半ばにネット生保などで加入すれば、3000万円の死亡保障に対して月々3000〜4000円程度の保険料で入れます。掛け捨てのもので構わないので、子どもが生まれたら自動的に加入するようにしましょう。共働き家庭の場合は、ご主人が2000万円で奥さまが1000万円など、夫婦の収入額に応じて保障額を分散させておくようにしましょう。

医療保障と死亡保障がセットになった保険商品もありますが、原則として保険は個別に加入すべき。たとえば、子どもが自立してしまったら死亡保障はいらないと考える人もいるでしょう。こうした場合に、医療保障と死亡保障がセットになった商品だと、医療保障だけを続けるということができなくなってしまいます。

保険はライフステージや状況によって必要なものが異なります。たとえば、2人目の出産を考えているなら、普通分娩でも保険金が出るフローラル共済の**「なでしこくらぶ」**やAB

C少額短期保険の**「ABCおかあさん保険」**などに加入しておくのがおすすめです。妊娠してからでは普通分娩の保障が得られないので、２人目を計画した段階で加入しておきたいですね。

がんに対する保障が欲しいのならば、チューリッヒ生命の**「終身ガン治療保険プレミアム」**は検討する価値のある保険です。がんの治療でお金がかかるのは、抗がん剤治療など、長期にわたって行われるもの。この保険ではこれらの治療中は一生涯にわたって１カ月10万〜60万円が保障されます。抗がん剤とホルモン剤の治療だけを確保することができ、保障を絞れば保険料を抑えられる点でも優れていると思います。

医療保険全般に関しては、「日本は健康保険制度が充実しているので、入らなくても良い」という意見もありますが、高齢期になって保険のお世話になり「入ってい

女性におすすめの主な医療保険

フローラル共済	なでしこくらぶ	月額保険料 2500 円または 5000 円で、満 20 歳〜75 歳まで加入できる。2500 円の保険料の場合、入院 1 日につき 20〜39 歳で 1 万円、40 歳〜49 歳で 8000 円が支払われ、普通分娩でも入院が保障される。
ABC 少額短期保険	ABC おかあさん保険	30 歳の標準保険料は月額 1850 円。妊娠前に加入すれば普通分娩にともなう入院も、1 日につき 5000 円が保障される。更新割引があり 2 年目以降は保険料が月額 200 円お得に。
チューリッヒ生命	終身ガン治療保険プレミアム	放射線治療、抗がん剤治療、ホルモン剤治療を受けた場合に 1 カ月 10 万〜60 万円、特約をつければ、先進医療の治療代は通算 2000 万円を限度に技術料と同額を保障、さらに通院する際の交通費など自由に使える 15 万円が支払われる。

※2017年2月6日現在

て良かった」と感じる人が多いのも事実です。やはり高齢期は貯金が一方的に減っていく時期ですから、たとえ少額でも医療保険からお金が出ると助かります。家計の状況や収入に合わせて、最適な保険を選びましょう。

（回答者：ファイナンシャルプランナー　畠中雅子さん）

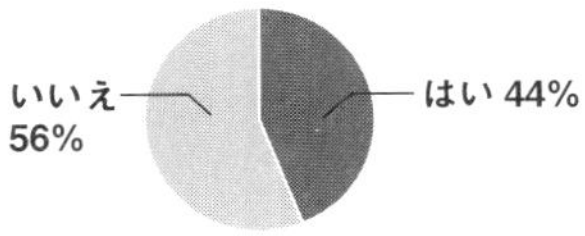

**Q　資産運用
していますか？**

約半数が資産運用しているという結果に。具体的な運用方法は左ページで紹介しますが、高リスクの投資をしている人も意外と多いようです。

お悩み 20

投資信託や株式投資を始めるタイミングは？

貯金である程度の資金ができたら、株式投資や投資信託での資産運用を考える人もいるでしょう。現在のようなマイナス金利の時代には、預金よりも早く資産を増やせる可能性があることは確かです。

ただし、株式投資や投資信託では、当然のことながら元本割れのリスクもあります。投資信託や株式投資を行うべきかと問われれば、私は「どちらでも構わない」と答えます。ただし、投資を始める適切なタイミングや手法はあります。

投資信託や株式投資での資産運用を始めるタイミングは、年収の半分程度まで貯金を貯めてから。年収の半分程度は温存した上で運用に着手するのが適切だと思います。あまりお金がない状態で「早くお金を増やしたい」と投資を始めてしまうと、必要以上の高いリスクを負ってしまい、結果的に元本割れしてしまうというケースも少なくありません。

投資で成功している人の多くは、貯金も上手な人です。１００万円貯めたら次は１５０万円貯める……というように、具体的な目標設定に向かって着実に行動する姿勢が投資にも求

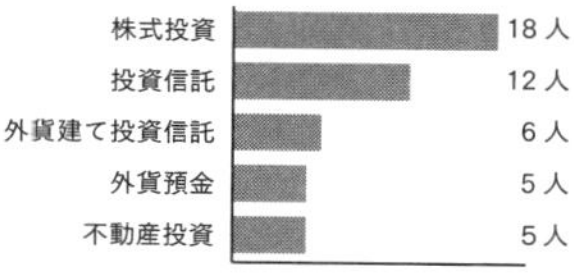

Q どんな方法で資産運用していますか?(複数回答)

次いで、確定拠出年金(401k)、財形貯蓄、ファンドラップ、金投資。運用方法を1~2点に絞る人が多い中、3~5点挙げる人も1割ほどいました。

められるのです。反対に、いつも預金残高が100万円前後をうろうろしているようなタイプは、投資してもうまくいかないのでやめておいたほうが無難かもしれません。

相場が良くなっているタイミングで、「なんだか儲かりそうだから」と株式投資を始める人も多いですよね。そして相場が悪くなると投資自体をやめてしまう。これが一番もったいないパターンだと思います。長く見ていると、自分の中にいくつかの基準ができてきて、相場の流れがわかるようになってきます。株をやるのなら、長く取り組むことが大切なポイント。

また、相場が下がって損をすると「損をしているから売れない」と考える人もいますが、損切りができない方もやめておいたほうが良いですね。長期的な投資には向いていませんから……。

投資信託でたくさん儲けている人はそれほど多くないので、投資でお金を増やすなら、やはり自分で株を買うほうが確率的には高いと思います。ただ、ある程度相場を見続けなければいけないので、仕事や育児に忙しいワーママの場合は大変ですよね。貯金でベースとなる資金を作ることはもちろん、投資に取り組める時間的な余裕があることも重要です。

(回答者:ファイナンシャルプランナー 畠中雅子さん)

「お金教育」をしました

お金にまつわる話も子どもの前で普通にします

子どもの前では親の給料のことなどは話さないのが一般的かもしれませんが、我が家はお金にまつわることでも、なんでも言うようにしています。

確定申告の時期になると、主人は息子に自分の確定申告書を見せて、「これがパパの年間の成果だよ」と説明しています。「パパは毎日忙しくて、なかなか遊んであげられないけど、これだけの売上を出せたのは、子どもたちや家族の協力のおかげだよ」と説明しているようで、息子も嬉しそうに聞いていますね。大人とお金の話をする機会って普通はあまりないので、やっぱり興味が湧くようで、「来年の会社の売上は大丈夫なの？」なんて、いろいろと質問してきます。

あらためてお金について勉強する機会を設けなくても、普段の生活の中で隠さないで、聞かれたらちゃんと説明する。そうやってお金にまつわる話を小さい頃から身近にすることで、世の中の仕組みを理解し、将来仕事を選ぶ時にも役に立つかもしれないと思っています。

名前：土屋あゆみさん
職業：税理士
子ども：12歳・8歳

資産税専門の会計事務所に15年勤務し、働きながら税理士資格を取得。2人の子どもを出産し、現在は、渋谷区にて夫婦で土屋税理士事務所を経営。

3章

忙しくても大丈夫？
子どもの生活サポート法を考える

お悩み21

保育園より大変そう……学童ってどんなところ？

小学校1年生の場合、学校からの下校時間は遅くても15時。共働き家庭だと、この時間に子どもをお迎えに行くのは難しいですよね。そのため、必然的に子どもを学童保育（以下、学童）に預けることになります。

学童の事情は、住んでいる地域によってさまざまです。学区内に公営、民営も含めて複数の学童がある場合もあれば、「〇〇小学校に通っている子はこの学童ね」と、選択肢の無い場合もあります。現在では、選択肢のあるほうが稀《まれ》で、入りたくても入れない人も多いというのが実状です。

しかし、学童に入れなかった子のために、子どもが放課後学校内で過ごせる環境が用意されている場合もあるので、あきらめてはいけません。自治体によって詳細は異なりますが、**小学校の教室を使い、民間業者への委託によって子どもを預かる仕組みもあります。**東京都渋谷区なら「放課後クラブ」、新宿区なら「放課後子どもひろば」、大田区なら「放課後ひろば」などと呼ばれるこれらのサービスは、値段も学童とそれほど差がない場合がほとんど。保護者が働いていない家庭でも、一時利用としてその日だけ安く預かってくれるというケースも多く、気軽に利用できます。

児童館内に設置されている学童もあります。その場合は、児童館に遊びに来ている子どもと、学童に通っている子どもが一緒に遊ぶこともあります。

また、学童について、施設の概要以外で皆さんが気になるのは、「子どもを預かってくれるスタッフはどんな人たちなのか？」「勉強も見てくれるの？」という点だと思います。保育園や幼稚園、学校の先生などと違い、学童では指導員が資格を持っているわけではありません。基本的には、委託されている業者のスタッフが子どもの面倒を見ています。とはいえ、学校からの宿題は見てくれるケースが多いです。ただし、その学童内で「習いごとをしたい」「塾のような勉強をしたい」というようなニーズにはなかなか応えられていませんでした。

そこで**最近増えているのが、学童に塾や習いごとの機能も備えたアフタースクール**です（「民間学童」と呼ばれることもあります）。「キッズベースキャンプ」や「ウィズダムアカデミー」「小田急こどもみらいクラブ」などが有名ですね。

多くは電鉄系グループと提携しているため、駅の近くのアクセスがよい場所に立地しています。**学校が終わった子どもを預かってくれるだけでなく、習いごとをしたり、高度な学習指導が受けられたり**しますから、ひとつの場所で学童・習いごと・塾の3つの要素がまかなえます。通常の学童よりお金はかかりますが、各社がしのぎを削っているのでサービスの質や自由度はとても高くなってきています。

たとえば、夜10時くらいまで預かってくれたり、夕食が付いていたり、途中で習いごとに送り迎えをしてくれたり……。スイミングスクールなどが併設されているところもあります。学習塾「SAPIX」のメソッドを取り入れたり、

首都圏の主な民間学童の特徴

キッズベースキャンプ	学校から学童、自宅または駅への送迎サービスがある。食事の提供や最長22時までの延長も可能。遊びの中で、コミュニケーション力や人間関係形成力を養うことに力を入れている。
ウィズダムアカデミー	SAPIX が手がけたプログラムで学習できるピグマキッズセレクトをはじめ、学童内でさまざまな習いごとができる。希望すれば学校へのお迎え、自宅への送りも。
小田急こどもみらいクラブ	宿題のサポートや SAPIX のノウハウを活かした教材を使った学習指導など、楽しみながら学べるプログラムを用意。指定小学校とクラブ間のお迎えサービスもある。
ティップネスキッズ・アフタースクール	スイミングをはじめとした運動系はもちろん、書道、そろばん、英会話などの習いごとを同施設内でできる。最長 22 時までの預かり、送迎のサービスもあり。
明光キッズ	生活のマナーやルールをはじめ、学ぶ楽しさ、学ぶ習慣、基礎学力など、「学びの根っこ」が身につくプログラムを展開。体験イベントなども充実している。
キッズデュオ	ネイティブスピーカーの先生のもと、英語環境で過ごせる学童。アートや音楽、運動、ゲームなどさまざまなプログラムを通して、遊びながら英語を学べる。

※光文社調べ

スポーツ系に力を入れたりと、民間学童によっても特徴が違うため、それぞれの家庭のニーズに合わせて選べるのは大きなメリットと言えるでしょう。

このような民間の学童は、東京を中心とした都市部に増えていますが、増えたことによって共働きの家庭でも私立の小学校を選択しやすくなったという側面もあります。

また、最近では**私立の小学校をターゲットにした民間学童もあります。**その場合も通常の学童とほぼ同じで、子どもは学校が終わった後に民間学童へ行き、勉強や習いごとをして過ごします。それらの学童の多くは、都心で働いている親がお迎えに行きやすい、山手線沿線などのアクセスのいい場所にありますから、お母さんが仕事帰りに迎えに行って一緒に帰宅できます。

このように、一言で学童といっても、そのサービス内容はさまざま。現在、保育園でも園内で英語や空手などの習いごとができるところが増えていますが、学童も、それに近くなってきたと言えるのかもしれません。

（回答者：育児・教育ジャーナリスト　おおたとしまささん）

お悩み22

うちの子、小学校生活にうまくなじめるかな……

保育園に通っていた子どもが小学校に進学する場合、3月に保育園を卒園して、4月から学童保育へ通うことになります。入学式の約1週間前ですから、まだ小学校の友達もできていない状況でのスタート。新しい環境になじめるか親は心配になるでしょうが、それ以上に不安なのが子どもたち本人です。

そのため、最初のうちは仕事をできるだけ早めに切り上げて迎えに行ったり、早く帰って子どもを家で待っていてあげたりと、子どもの学童滞在時間を少しでも短くできるといいですね。もちろん、それが難しいワーママ、パパもたくさんいると思いますが、とりあえずは心がけだけでも……。

学童では、上の学年の子が新しく入ってきた1年生に遊びやルールを教えてくれるなど、フォローしてくれる部分は大いにあります。ただし、すぐに慣れるかどうかは、子どもの性格によるところが大きく、すぐに溶けこめる子もいれば、なかなかコミュニケーションがとれない子もいます。これに関しては、ある程度しかたないと考え、慣れるまで気長に見守ってあげれば良いと思います。

入学式が済み小学校の授業がスタートすると、自由な雰囲気の中で過ごしてきた保育園と違い、カリキュラムに沿って規則正しく指導される日々が始まります。**保育園とまったく違う環境なのですから、抵抗感があって当たり前。**授業中きちんと座って先生の話を聞かなければならないということが受け入れられない子もいるでしょうし、**環境の変化に戸惑い、「行きたくない」と言う子もいるかもしれません。そんな時には、その場でちゃんと子どもの気持ちを聞いて、それを受け止めてあげることが大切です。**

それは、わがままを聞いてあげることとは違います。「行きたくない」という言葉に、すぐ「休んでもいいよ」と言うのではなく、必ず気持ちを聞いてあげてください。

小さな子どもですから、うまく言葉にできないかもしれません。それでも、いろいろと質問を変えて聞くうちに、「〇〇君がひどいことを言う」「先生が怖い」など、その子なりの理由が出てくるはず。「それで行きたくなかったんだね」と共感してあげることで、子どもの心はずいぶん救われます。

親が話を聞いてくれないと、SOSを発するために不登校になってしまう場合もあります。子ども自身は無意識の行動なのですが、「話を最後まで聞いてほしい」という表れであることが多いのです。**何かがおかしいと思ったら、「急がば回れ」の精神で、ちゃんと落ち着いて話を聞いてあげましょう。**

（回答者：育児・教育ジャーナリスト　おおたとしまささん）

お悩み23
小学1年生になったらお留守番もアリ?

学童を保育園と同様に考えてはいけません。たとえば夏休みなどは朝9時から夕方18時までしか預かってくれないところもあります。そんな時、9時出勤のパパ、ママたちはどうすればいいのでしょう?

子どもが学童に慣れるまでは、父親か母親の勤務時間を調整するなど工夫したほうが良いでしょうが、慣れてきたら、勤務時間を戻して留守番デビューを検討するのもひとつの方法だと思います。

子どもを信じて少しずつ自主性に任せていくことが必要になってきます。**とはいえ、「○歳△カ月から留守番OK」「鍵っ子OK」という明確な線引きはありません。**子どもが留守番できるかどうか、ひとりで帰ってこられるかどうかは、親自身が普段の生活を見て見極めるしかないでしょう。

そのタイミングは子どもの性格によっても異なりますし、親の性格によっても異なります。同じ学年の子どもを持つ親でも、電車に乗っておつかいに行かせるのが「怖い」と思う人もいれば、「大丈夫でしょ?」と感じる人もいます。親自身の基準は、自分とパートナーとで話し合って、すりあわせをしておくといいですね。

また、**いざ留守番デビューする際には、あらかじめ家の中のルールを決めておく必要があります。**たとえば、「鍵を必ず閉める」「火を使ってはいけない」「おやつはここにある分だけ」「ゲームは何分まで」「宿題は何時までにする」「チャイムが鳴っても出ない(無視する)」などでしょうか。

留守番中の来客にひとりで対応するのは、中学生くらいになればできるかもしれませんが、来客に対応しても大丈夫だと考えるのか、危険だからと禁止にするかは、地域の治安もかんがみて親が判断するしかないでしょう。

ひとりでの留守番がどうしても心配なら、ファミリーサポートなどのサービスに、1時間くらいお願いするという方法もあります。ファミリーサポートとは、地域で育児や介護の援助を受けたい人と行いたい人が会員となり、助け合う会員制度です。民間のシッターより手ごろな価格で、かつ送り迎えだけなど短い時間で利用できる場合が多いようです。

(回答者:育児・教育ジャーナリスト　おおたとしまささん)

お悩み24

子どもの悩みに気づけなかったらどうしよう

働いている母親ほど「子どもと一緒にいてあげられないことは罪だ」と強く思っているように感じますが、同時に、母親の働く姿を見て育った子どもは、しっかりと育ち、精神的に自立している傾向が強いとも言えます。

時間や手間をかけてずっと一緒にいたとしても、引きこもりになってしまう子どももいます。つまり、母親がかける時間と、子どもがしっかり育つかどうかは、別ものだということです。一緒にいる時間が少ないことに罪の意識を感じるくらいなら、短い時間でもしっかりと触れ合うことを大切にしてもらいたいと思います。

また、一緒にいる時間が短くても、子どもが日々悩んでいることや、考えていることは把握できます。そのためには、しっかりと向き合う時間を作ること。**1日のうち5分でもいいので、子どもと1対1で話す時間を設けてください。朝起きてすぐでもいいし、夜寝る直前などでもいいのですが、時間を決めて日課にすると良いでしょう。**

1対1の時間には、友達のことを聞いてもいいですし、勉強のことを尋ねてもいいでしょう。特に男の子は年齢とともにあまり話さなくなっていく傾向にありますので、「宿題何だったの?」などと明確に答えやすいことを聞いてあげると話しやすいかもしれません。そこから、気になったことがあればぽつりぽつりと話してくれるようになります。たとえ具体的に話してくれなくても、子どもを毎日しっかりと見つめていれば変化を感じ取ることができます。

ちなみに、女の子はそれほど気にしなくても自分からたくさん話す子どもが多く、5分間程度なら話題にこと欠かないでしょう。あまり心配はいらないかもしれません。

「お母さんの膝の上で5分間お話ができたら、後の23時間55分はちゃんと頑張れる」のが子どもだと思っています。1日1回、母親を独り占めにできる時間があるというのは、子どもの心の拠り所になるのです。

ただし、約束していた5分を忘れてしまったら、子どもは大変すねてしまいます。忘れられたり、パスされたりするのが一番辛いことだからです。

(回答者:花まる学習会 代表 高濱正伸さん)

お悩み
25

子どもが納得してやる気を出すための話し方とは？

子どもが親や先生の話をきちんと聞くかどうかは、子どもの資質ではなくて育ちに関わっています。親や先生との関係性ができ、「相手が大事なことを話している時には真剣に聞く」と理解できている子どもは、大事なことを聞き漏らさずに集中できるのです。

それができるようにするためには、**大切なことを話す時に「ここに座って」と親の前に座らせ、しっかりと向き合ってから話をすること。テレビなどの余計な音を消して、普段と違う「異空間」を作ることが大切です。**そうやってメリハリを付けることで、子どもは話す人のモードが違うことを理解し、「ここは大事だ」というタイミングを感じ取ってしっかりと聞けるようになっていきます。その結果、学校の授業も集中でき、言わんとしていることに思いを馳せられるようになるので、文章問題なども理解できるようになるのです。

子どもの質問にしっかり答えてあげることも、話が聞ける子に育てる秘訣です。「どうして勉強しなくちゃいけないの？」といった子どもにありがちな質問にも、できる限り真摯《しんし》に答えてあげてください。「嫌でもやらなきゃいけないの」などと、根拠のない話を適当にするのでは子どもの心に響きません。この答え方では「押しつけ」になります。押しつけられてやる気の出る子どもはひとりもいません。

同じことを大人に当てはめてみればわかります。もしあなたが「この仕事の意味は？」と疑問に思ったとして、相手に「これからやる仕事は楽しくないし意味もわからないけれど頑張れよ」と言われたら……？　それで頑張れる人はいないでしょう。

ではどう答えればいいのでしょうか。

「人間は学ぶようにできていて、知らないことを知ったり、発見したりするのは楽しいことなんだよ」など、**親の哲学をしっかり示してあげること**が大切なのだと思います。

そのためには、親が子どもになぜ勉強させたいと思うのかを、しっかり考えておく必要があります。「学校の成績のため」では、子どもだけでなく、自分自身も納得できないはずです。後は、「学ぶことは楽しいに決まってるでしょ」と短い言葉で呪文のように刷り込んでいくのも効果的ですよ。

もうひとつの答え方は「本音」。たとえば「お母さんも、3年生くらいから勉強嫌いになっちゃってね。よく聞いてなくて注意されたり怒られたりして、サボっちゃった。そうしたら大人になって困ることもあって、ちゃんと勉強しておけば良かったなって思ってるの」などと素直に言うことです。これなら、ただ単に「勉強は大事だよ」と言うよりも、スッと子どもの心に入っていきます。**親の語る言葉がきれいごとか本音か……子どもにはそれがすぐにわかってしまう**ものなのです。

（回答者：花まる学習会 代表 高濱正伸さん）

お悩み26

将来的に勉強ができる子にするための生活習慣は？

小学校3～4年生くらいまで成績が良く、優等生のように振る舞っていた子どもでも、その後思うように伸びなくなってしまうことが多々あります。その大きな要因は「言葉」の乱れ。そうならないため、つまり子どもの言葉を乱さないようにするためには、親がきちんとした言葉遣いをしていることが何より大切です。

どんな勉強においても、言葉を「正確に聞き、話し、読み、書く」能力が必要です（数学でも物理でも、文章をきちんと読解できなくては問題を解くことができません）。だからこそ、**子どもの頃からある程度「言葉の厳格さ」を保つことが重要**です。

母親がいつも「っていうか～」「みたいな～」といった、崩れた話し方をしていれば、子どももすぐに真似をします。子どもはお母さんの言葉を「正しいもの」と認識するので、何の疑問もなく同じように使ってしまうのです。

言葉遣いだけでなく、話す内容も同様です。また、要点がはっきりせず、ダラダラと話を続ける母親を持つ子どもは、なかなか話し方が上手になりません。「正しい言葉への集中力」

が子どもに備わっていかないのです。

幼児から小学校2年生くらいまでは、耳からの学習が非常に大きな影響を与える時期です。親子の会話から、あらゆることを大量に学んでいる時期とも言えるでしょう。見本である親が、何を話すかが重要です。

親子の会話を聞いていると、子どもの間違いをさらっと修正しているお母さんを持つ子どもはちゃんと伸びるということがわかります。お母さん自身が「言葉の厳格さ」を身につけていて、間違った言葉が気になってしまうのでしょう。たとえば子どもが「サッカーは嬉しい」と言った時に「そういう時は『嬉しい』じゃなくて『楽しい』のほうがぴったりくるね」と、その場ですぐに言ってあげられることが大切なのです。

ただ、言いすぎてしまったり、きつい言い方をしてしまったりすることには注意してください。「〇〇でしょ！」と押しつけて注意するのではなく「△△って言いたかったんだよね」と正しい表現を示してあげましょう。

（回答者：花まる学習会 代表 高濱正伸さん）

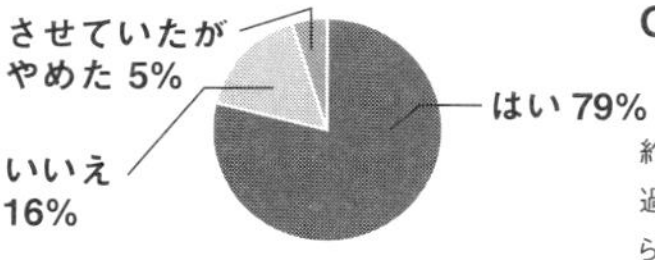

Q 子どもに習いごとをさせていますか？

約8割の人が子どもに習いごとをさせています。中には、過去にさせていたがやめたという声も。せっかく始めるなら、長く続けていける習い事を見つけたいですね。

お悩み 27

習いごとをさせるメリットってあるのかな？

習いごとをさせるメリットのひとつは、学校以外のコミュニティを持てることだと思います。

昔は、地域の中でさまざまな学年の子どもたちが一緒になって遊ぶという社会がありました。でも、今の子どもは、学年の違う友達と遊ぶコミュニティがほとんどありません。そんな中、学校以外の社会を持っていることはひとつの強みになります。**学校に行きたくなかったり、引きこもりがちになったりしても、学校以外の「場」があれば、社会とつながるきっかけができる**からです。

「学校に行きたくないけれど、習いごとには行く」という子どももいます。何かにつまずいた時に、家庭以外にたったひとつでも、自分の居場所があるということはとても重要です。

また、習いごとは総じて民間の厳しい競争を勝ち残っているので、子どもをしっかりと伸ばしてくれる場所でもあります。子どもを楽しませることにも長《た》けています。「楽しい」という場を持っていることも、子どもの自信や安心感につながるため、大きなメリットと言え

Q 何を習わせていますか？（複数回答）

次いでサッカー、野球、そろばん、習字。最近では、保育園内で希望者のみ英会話やリトミックなどの習い事ができる仕組みがある保育園も増えていますね。

るでしょう。

おすすめの習いごととしては、スポーツ系と音楽系とお勉強系をひとつずつ。

スポーツ系は、あえて挙げるなら水泳でしょうか。水泳をやっていれば全身が鍛えられるので、そこで培った基礎的な体力などが、自分のやりたいことができた時にも活かせます。また、やればやるほど着実に伸びるので、達成感を得ることもできますよ。

また、言いたいことをはっきり言わなかったり、我慢してしまったりする傾向がある子には、武道が効果的だと感じています。特に剣道はハマることが多いようですね。理由はわかりませんが、個人的には「棒で叩く喜び」だと思っています。特に男の子はもともと戦いごっこが好きなのに、本気でできる機会はなかなかありませんから……。

音楽系だと、ピアノやバイオリンなどの楽器ができるのはいいですね。楽器はまず、できるとモテます。「モテる」ことは、成長の過程において本当に大事なことです。それに、東大に行った子どもたちは、子どもの頃に、ピアノかバイオリンをやっていた子がすごく多いそうです（※）。毎日の練習や発表会などで集中力が養えるためなのでしょう。

（回答者：花まる学習会 代表 高濱正伸さん）

※東大家庭教師友の会調べ（2014年）。東大生の中でピアノを習っていた人の割合は56.4%と、一般の調査よりも高い割合となっている。

子どもが学校に慣れるまで苦労しました

家族のフォローと放課後の学童に助けられた

長女が小学校に上がる直前に次女が生まれました。ちょっと気持ちが不安定な時期と小学校入学が重なってしまったので、環境に慣れるまで苦労したようです。

ちょうどその頃、起業した夫が午前中は家にいることになり、朝、学校に行く前の準備など、娘のフォローをするようになりました。

これは後から長女に聞いた話ですが、「妹が生まれてママを取られた気がしたけど、代わりにパパが自分のことをかまってくれるようになったから安心できた」と感じていたようです。

それと、うちの場合はちょっと特殊なんですが、夫が事業として立ち上げた学童があったおかげで、小学校にも安心して通えるようになりました。放課後、学童に居場所があることが、娘の気持ちの安定につながったようです。

私自身も寝る前には娘の話にじっくり耳を傾ける時間を作るようにしています。家族みんなのちょっとしたフォローが、安心して学校に通える土台になるのかなと思います。

名前：只友真理さん
職業：外資系保険会社のCSRマネージャー
子ども：9歳・3歳

外資系の保険グループでCSRを統括する。2人の女の子のママ。

先輩ママの体験談

お留守番ができるようになりました

まずは15分から始めた小1のお留守番

長男がひとりでお留守番ができるようになったのは小学生になってからです。学童から帰宅するのが18時15分。私が下の子ども2人を保育園からピックアップして帰宅するのが18時30分。その15分程度のタイムラグが、お留守番デビューでした。最初の頃は、保育園と小学校の中間地点にある図書館で待ち合わせをして、みんなで一緒に帰っていました。公共の施設であれば、大勢の人の目があって安心だったからです。それが、夏休みが明けて2学期になった頃、慣れも出てきたのか、「今日は先にひとりで家に帰ってるから」と本人が言い出したんです。

入学当初は、新しい環境の中で緊張しながら過ごしていたので、そのタイミングでさらに「ひとりで留守番」という課題を与えていたら、泣いて嫌がったかもしれません。でも、図書館というワンステップがあったおかげで、小学校生活に余裕が生まれた段階で、自分から言い出してくれたのだと思います。

留守番するにあたっては、「鍵を必ずかけること」「インターホンが鳴っても応答しないこと」「何か異変があったり、不安なことがあればすぐに電話すること」を約束しました。

最初の数回は母も子もドキドキしていましたが慣れてくると、息子も「自由な時間」を楽しめるようになっていきました。留守番中は、大好きな本を読んだり、テレビを見たりして過ごしているようです。自由な時間をどうやって過ごすのかを考えるのは、息子自身にとっても有意義なことかもしれません。

短時間のお留守番を積み重ねたことで、「ひとりでも大丈夫なんだ」という自信がついたようで、先日私が仕事で留守にする時に、ひとりで3時間以上お留守番することができました。今では、留守中にごはんを炊いておいてくれたり、洗濯物を取り込んでくれたりするようにもなりました。

名前：佐藤裕美さん
職業：ベンチャー企業のPRマネージャー
子ども：8歳・6歳・1歳

and factory株式会社 PRマネージャー。社内外の広報対応とともに、～働くママと子どもの毎日をもっと素敵に～をコンセプトとした新規事業「MAMAPLA（http://mama-pla.jp）」の立ち上げメンバーとして携わる。

先輩ママの体験談

PTAの役員をしました

PTA役員はいいことだらけ　どうせやるなら楽しんで

初めてPTA役員を経験したのは、2人目の子が年中の時のことです。小学校でも役員をやりましたが、この時がもっとも多くのことを経験させてもらい、大きく印象に残っています。

人数の少ない幼稚園だったので、必ず何かの役は回ってくるような状況でしたし、じゃんけんで負けてイヤイヤやるくらいなら、自分から手をあげたほうがいいと思って立候補しました。

働きながら役員をやるのは大変なイメージがありましたが、延長保育を利用してお仕事している人も多かったですし、私の場合は裁量労働制で自宅に仕事を持ち帰ってもいい環境だったので、両立することができました。昼間の時間は幼稚園関係のことをやり、子どもたちが寝た後に残った仕事をすることもありました。役員の会合で昼間に集まる時には、会社に遅れる連絡を入れて始業時間を調整したり、それが無理な場合は、話し合いの内容を後からメールでもらっていました。

ＰＴＡでの役割は会計です。幼稚園からもらった父母会費から、前年度の予算表を見ながら今年度の目安を立てるなど、お金の管理がメインです。

幼稚園のお母さん方も実はスキルのある方が多かったりするので、先輩ママさんたちが作った完璧な前年度の資料を見るのも面白かったです。会計なんて、それまでまったくやったことのない世界だったので、ＰＴＡ役員をきっかけに新しいスキルを学ぶことができたと思います。

今、振り返ってみても、役員をやってみていいことだらけだった記憶しかありません（笑）。幼稚園のことを詳しく知ることができましたし、ママ同士で話し合っているうちに仲良くなった方も大勢います。幼稚園の先生とも親しくなれるので、子どものことを相談したりして、園についての疑問も解消されました。

一見面倒なことも「仕事が忙しいから無理！」と避けてしまうのはもったいないことかもしれません。何事も、どうせやるなら前向きに楽しくやりたいですよね。

名前：阿部愛さん
職業：システムエンジニア
子ども：13歳・10歳・7歳

コーディング、プログラミング、DTPなど、持ってるスキルを時と場合に応じてフル活用しながら働く。23歳で長女を出産した3人のママ。

4章

子どもの勉強のために
ママができることを考える

お悩み28

子どもが勉強についていけるか心配です

子どもが勉強についていけなかった時、お母さんはあまり「心配しすぎない」ことが重要です。

働くお母さんの中には、子どもにあまり時間をかけてあげられないことを引け目に思っている人が多く、そのため、少しのつまずきでも「自分のせい？」と焦ってしまうようなのですが……。しかし、働いているお母さんというのは、俯瞰《ふかん》すると、勉強面も生活面も大変バランスがとれていますし、焦らずにもう少し自信を持っていただきたいと思います。

勉強面が心配になってしまうのは、保育園時代と違って点数や順位が付いてくるからなのでしょう。結果がはっきり出るので、「うちの子、できていない!?」とお母さんも大変焦ってしまうのです。その結果、小さな計算ミスや読み間違いに小言を呈したり、ガミガミ言ってしまったりする人が多いようです。特に、最初の子ども（長子）は、お母さんも初めてで勝手がわからないため、心配な気持ちが募ってそれが空回りしていきます。

冷静に考えると「子どもをのびのびと育てたい」と思っているはずなのに、いざ勉強となるとできていないところばかりが気になり、思っていることとは違うことをしてしまったり、言ってしまったりする。「ちゃんと読みなさい」と小言を呈したからといって、ちゃんと読めるようになる子どもはひとりもいません。

また、早期教育を行っているような幼稚園育ちの子と比較して、「追いつかなきゃ！」と焦る人もいるかもしれませんが、幼稚園育ちも保育園育ちもさほど変わらないと考えていいでしょう。幼稚園の中には過剰な先取り教育をしているところもありますが、その結果として伸びた子どもは多くありません。初期の成績が良くても、9歳くらいで追いつかれるパターンもよくあること。**小学校入学直後のスタート時点での成績は、まだまだ気にしなくて大丈夫**なものなのです。

それよりも、細かいことを気にして、できていない箇所ばかり指摘することで、結果として勉強嫌いの子どもに育ててしまうことのほうが問題です。母親とはそもそも心配性であるという前提をふまえると、むしろ気にしないくらいのほうが好ましいとも言えます。

ただ、**最低限これだけは、という目安だけ決めて押さえておくと良いでしょう。小学校低学年なら、学校の授業を集中して聞けているかどうかがポイント。**それを確認するためには、授業参観だと子どももよそ行きの顔になってしまうので、普段の授業に集中できているか、先生の話が聞けているかを、担任の先生に聞いてみるのが一番だと思います。

（回答者：花まる学習会　代表　高濱正伸さん）

お悩み 29

小学校入学前に最低限教えておくべきことはある？

もし中学受験を考えていたとしても、入学前に小学校の勉強を過剰に先取りする必要はありません。入学前は、ひらがなが読めて、自分の名前が書ければそれで十分。この2点だって、その時できなくても、小学校で習ってからできるようになればいいだけのことです。

もちろん、2桁の足し算や掛け算などは、まだまだ考えなくてもいいでしょう。ただ、生活の中で、**遊びながら「足して10になる数字」がぱっと出てくるようになっていると理想的**だと思います。算数の繰り上がりや繰り下がりでつまずく子どもが多いのですが、「足して10になる数字」がわかっていると、そこを楽に乗り越えることができます。

学年が進んできたら、つまずくところをサポートしてあげたいところですが、「自分のやり方を押しつけてしまうこと」は御法度《ごはっと》です。たとえば、「15って、10と5だよね？　だからこっちからこっちを引いて……」などとロジカルにまくし立てたり、自分の知っている方法がすべてだと思ってはいけません。考え方にはいろいろな流派があり、先生によって教え方も違うのです。それをふまえて、子どもが自分のやり方で考えるのをゆっくり待ってあげられると良いと思います。

なお、小学3年生で学ぶ分数は本当に侮《あなど》れないので、基礎的な問題でできない箇所はしっかりとフォローしておかなくてはなりません。「数学嫌いで一生を終えました」という人は、分数あたりからつまずいたケースが多いので、放置せずに乗り越える手助けをしてあげてください。まだまだ先のことですが、心に留めておくだけでも対応は変わってくると思います。

また、中学受験を真剣に考えている方だと、「小学校低学年のうちに中学生レベルの計算ができるようにならなくちゃいけない」「早いうちから有名な塾に通わせなくてはいけない」など焦ってしまいがちですが、小学校入学時にそこまで心配する必要はありません。

母親が子どもの受験にのめり込んでしまうケースでは、親自身にコンプレックスがある方が多いようです。一方、仕事に自信を持ってバリバリ働いている人は、それほど子どもの学歴にはこだわらない傾向があります。有名大学を出ても仕事ができない人もいるということが身に染みてわかっており、学歴だけを身につけても意味がないと実感しているからでしょう。

（回答者：花まる学習会 代表 高濱正伸さん）

お悩み30

子どもの勉強には、どうやって付き合えばいい？

親が勉強を見てあげる時間があるなら、**計算と漢字はサポートしてあげると良いでしょう。これらは、やればやっただけできるようになる課題です。**

中でも漢字学習は、「泣こうがわめこうがやらせていい」という唯一の課題と言えます。学んだ分だけ確実に身につきますし、「2年生で学ぶ漢字を知ってるなんてすごい！」などと言われるたびに、子どものやる気も高まります。

漢字学習の重要性を私は10年ほど前から言い続けており、実践した子どもたちはすでに大学生にもなっていますが、そのお母さんたちは口をそろえて「漢字を勉強させて良かった」と言っています。他の教科に比べ、「やりなさい！」と厳しく言われた時のストレスが残りにくいのも漢字学習の特徴です。単純な計算や漢字の書き取りは、「基盤力」といって、強制的にやらせても問題ないものなのです。

一方で気をつけたいのは文章問題。もっとも勉強嫌いのきっかけになりやすいのだ文章問題なのですが、その理由はストレスが多いことにあるのです。文章問題を理解できずに苦しむ子どもの横で、母親が「ちゃんと読んでる？」「そんなこと書いてないよ」など細かく指摘すると、母親自身はサポートだと思っていても子どもには強いストレスがかかるのです。そうやってストレスを溜め、文章問題が嫌いになると、ますます問題を理解できなくなるという悪循環に陥ります。親が口を出せば出すほど、子どもの可能性を潰してしまうことになるのです。

理想的なのは「できている箇所を褒める」ことですが、「言うは易《やす》く行うは難《かた》し」。親もすぐに変われるものではありません。ですので、いっそのこと、自分の子どもに対しては「できている箇所を褒めるのは無理」だと開き直ってみてはいかがでしょうか。

自分には無理だと思ったら、父親に見てもらうというのも良いかもしれません。また、**自分の子どもだけではなく、近所のお友達も一緒に教えると非常にうまくいくケースもあります。他人の子どもだと、冷静に接することができるからです。**

（回答者：花まる学習会　代表　高濱正伸さん）

お悩み31

宿題をちゃんと見てあげられるかな……

宿題を見てあげたくても、時間が捻出できない……という人は、朝に目を向けてください。私が知っている中では、朝に子どもとの勉強時間をとる人がもっともうまくいっています。

夕方や夜に勉強しようとすると、「今日は疲れたから」「帰りが遅くなったから」など、さまざまな理由から時間が取れなくなります。共働きだと、もともと毎日がバタバタしているので、気づいたら時間がなくなってしまうのです。

一方、**朝の6時半くらいなら、子どもも親も毎日しっかり時間が取れます。毎日30分でもいい**のです。家族みんなで勉強できるだけでなく、交流の場にもなりますし、その時間にお母さんと1対1になれることを楽しみにする子どももいることでしょう。

小学3年生の2学期まではこれで十分だと思います。

しかし、そもそも勉強を見てあげるのが難しい方や、親がフォローするのが難しくなり始める3年生の3学期以降に勉強を頑張らせたい方は、やはり塾を活用したほうがいいでしょう。学童へ行っていると塾にもなかなか行けない実情があるかもしれませんが、送り迎えをしてくれる学童を選んだり、土曜日を使うなど工夫すれば無理ではありません。

　また、最近学校から出される宿題は増えている傾向にあるようです。宿題を出さないと保護者からクレームが来ることがあるため、先生たちも出さざるを得ないというのが実情でしょう。量が多いだけならまだいいのですが、中には無駄とも思えるような宿題も少なくありません。たとえば、漢字を5回ずつ書けば十分覚えられる子にも、20回の書き取りをさせるなど、誰でも等しい〝労力〟がかかるような内容の宿題が出ます。

　とはいえ、**「やりたくない」と子どもが言い出しても、「宿題は必ずやるもの」と徹底して伝えることが重要**です。必要ならドスをきかせてください（笑）。とにかく最初が大切です。怒るのではなく、毅然《きぜん》として「やるに決まっているでしょう」と、「宿題をやることは当たり前」という雰囲気を醸し出してください。子どもにとって、「宿題はやるものだ」という認識を作り上げられるか否か。ここが大きな分かれ道です。

「今日は用事があるからしなくてもいいよ」などと例外を許してしまうと、子どもは宿題をしない言い訳がどんどん上手になっていきます。交渉術もうまくなっていきますから、「やらなくても逃れられるかもしれない」と思われてしまうと後々が大変です。

私は塾でいろいろなお母さんを見てきましたが、小学5~6年生になって親子喧嘩の絶えないご家庭は、1年生の時に「宿題をやらなくていい」と許してしまった親が多いように思います。皆さんも気をつけてくださいね。

(回答者：花まる学習会　代表　高濱正伸さん)

お悩み 32

子どもを勉強好きにするコツを教えてください！

子どもの将来を考える上で最も大切にしたいのは、「考えるのが好き」と思える人間になること。本来、子どもは全員考えることが好きです。この世に生を受けた人間は、いろいろなものに「あれは何？」「これはどうなってるの？」と好奇心を抱き、考えようとします。本質的に、考えたり学ぶということは楽しいはずなのですが、それを嫌いと思ってしまうのは、どこかで人と比較されたり、無理矢理勉強をやらされたりしたからなのでしょう。

考えることが好きなまま子どもを育てるには、「あ、わかった！」というひらめきを繰り返し体験させてあげることが何より大切です。答えがわかった時のこの快感を知っている子どもは、自分で考えて「あ、わかった！」にたどり着きたいので、ズルをしません。

一方、常に誰かにやり方を教えられ、言われた通りに勉強してきた子どもは、自分で考えてたどり着く「あ、わかった！」という快感を知りません。だからこそ、壁に当たった時に自力でそれを乗り越えられず、結果、勉強嫌いになってしまうのです。

本当に考えることが好きになった子どもは、答えを言われそうになると「教えないで！

自分で考えるから！」と言います。親としては、子どもをそのように育てていくことが理想的だと思います。答えを言おうとした時に「教えないで」と言う子どもは必ず伸びます。

「あ、わかった！」の喜びを育てるものとしておすすめなのは、幼稚園や保育園くらいから迷路やパズルのようなもので遊ばせることです。迷路を嫌いな子どもはほぼいません。できる子どもは、ゴールまでの道が光っているように見えると言います。ひらめいて「見えた！」という快感を味わうとまたやりたくなり、やればまた達成の快感を味わい……こんな好循環が生まれればしめたものです。

また、**辞書で調べる習慣のある子どもは国語力が伸びる、**という事実も覚えておいてください。**この習慣があるか否かの差は、子どもが中学3年生くらいになると顕著《けんちょ》に表れてきます。**

では、辞書で調べる習慣をつけるにはどうしたらいいのでしょうか？　それは親が先んじてやることです。ニュースや新聞に出てきた言葉の意味がわからない時にそのままにしていませんか？　親が辞書で言葉を調べる家庭では、子どももそれを真似します。

ですから、まずはリビングや食卓の近くに辞書を置いて、わからない言葉をそのままにしない姿勢と、率先して辞書を引く姿を見せることが大事です。今はインターネットでもあらゆるものを簡単に調べることができます。**「わからなかったら調べる」、この習慣を子どもに見せることが親の役割のひとつ**だと考えましょう。

ところで、学ぶのが嫌いなわけではなさそうだけれど、落ち着きがなく精神的に幼いという子もいます。親としては「中学受験をさせたい」と思っていても、そういう子は中学受験には向かないこともあります。公立に通わせて、のびのびと部活などにも打ち込みながら集中力や忍耐力をつけていくのがいいかもしれません。中学に入ってから学習面で大きく伸びる子もたくさんいます。

将来の大学受験を考えれば、公立よりも私立に通わせたほうが有利とも言えますが、中学も高校も公立で育ち、社会に出てから活躍している人もたくさんいます。公立ののびのびとした雰囲気の中で、勉強だけでなく部活や恋愛にも精を出すことでバランス感覚が養われるのではないでしょうか。そのように、広い目で見れば、公立の良い面もたくさんありますので、子どものタイプをよく見極めることも大切です。

（回答者：花まる学習会 代表 高濱正伸さん）

お悩み33

やる気がない子を「その気」にさせるには？

小学校低学年のうちは、ドリルのようなものをやらせて、「遊んでいても、時間になったらけじめをつけて勉強を始められるのは偉いよ」と声をかけたり、答えに間違いがあってもバツを付けずに、丸になるまで本人に直させてあげて「最後までよく頑張ったね」と褒めてあげたりすればいいと思います。それを毎日少しずつ進めていくことが大切。

基本的には内的なモチベーションが湧いてくるのが理想ですが、それが難しければ、**1週間全部できたらシールを貼ってあげるといった、ちょっとしたご褒美も良い**かもしれません。特に低学年のうちは、大きな効果があります。**小さな達成感を継続させていくと良い**でしょう。

ただ、「100点を取ったらご褒美」などと「結果」に焦点を当ててしまうと、頑張れているうちはいいのですが、100点を取れなくなってきた時に自己肯定感を下げてしまうおそれがあります。

親としてどのような価値観を持たせたいかにもよりますが、基本的にはプロセスのほうが大事だという意見が一般的です。「結果が伴わなくても頑張ることが大事」と教えるなら、勉強したというプロセスに対してご褒美をあげたほうがいいでしょう。

また、「もの」ではなく、**「お母さんからの褒め言葉」でも効果は十分にある**でしょう。

ただし今流行のアドラーの心理学などでは、褒めるのではなくて「励ましたほうがいい」という説もありますから、〝上から目線〟で「すごいね！」「えらいね！」と言うのではなく、子どもに寄り添うように、「頑張ってるね」「お母さん嬉しいよ」などと伝えるのもひとつの手です。

子どもは親が喜んでくれることに一番の喜びを感じます。特に低学年のうちはそうです。できればものに頼らずに、言葉や態度で励まし、子どもがやる気になってくれるのが自然な形ではないでしょうか。

（回答者：育児・教育ジャーナリスト　おおたとしまささん）

お悩み34

学校の勉強だけで足りるのかな？

小学校の1〜2年生くらいなら、勉強はさほど難しくありません。本格的につまずくのは5年生だと言われています。暗記中心の勉強をしていてそれまでは成績が良かったのに、文章問題や応用問題になったとたんに解けなくなってしまうのです。

文科省のデータによると、平行四辺形の面積を求める問題では、図と辺の長さだけが載っていれば6年生のほとんどが正解します。ところが、地図の中に平行四辺形の公園があり、道の長さが何メートルで……と書かれていると正答率が2割以下になってしまうというのです。これが応用力のなさです。

都市部のワーママで、自分たちもキャリアを積んでいてそれなりの学歴を持っているお母さんの感覚からすると、応用力を育めない学校の勉強だけでは足りないと考える方もいるでしょう。

そう考えるとやはり、**家庭での学習は必要です。家庭での学習時間は、「学年×10分」（1年生の場合は10分、2年生は20分、3年生は30分）**、「学年×10分＋10分」、「学年×15分」などの説があります。それぞれ大きな差はないので、めやすとして考えれば良いのではないでしょうか。

塾に行くとしたら、低学年のうちは受験用の学習塾ではなく、小さな学びの成功体験を積み上げ、勉強が楽しくなることを目的としたほうがいいでしょう。公文やそろばん塾でもいいのではないでしょうか。東大医学部の学生に聞くと、公文に通っていた子どもの割合は非常に高いと言います。

また、Z会のような通信教育もひとつの選択肢。市販の問題集では、進めるペースを考えるのがやや難しいものの、通信教育の場合は毎日の量が決まっているので、親が指示を出しやすいのです。

ただ、なかなか毎日できずに、やらないまま溜めてしまう傾向があります。その結果、親が「溜めるくらいならやめなさい」とやめさせてしまうことが多いのですが、やる気になった時にまた始めればいいだけの話です。塾に行くなど、もっと良いものに代えるなら別ですが、ゼロにしてしまうくらいなら、溜めるとしても取り続けたほうがいいでしょう。


（回答者：育児・教育ジャーナリスト　おおたとしまささん）

お悩み35

中学受験について夫婦で意見が割れちゃった！

中学受験の勉強を始めるのは基本的に3年生の2月と言われており、塾では「新4年生」という扱いになります。**2月に塾に入るためには、3年生時の秋頃には受験するかしないかを決め、どの塾に入るのか下調べをする必要があります。**

よくある相談が、「夫は公立出身で『中学受験なんて必要ない』と言うのですが、私は私立だったので、受験させたいんです」というケース。子どもが小さいうちは夫婦の意見が違ってもいいのですが、3年生の冬になっても意見がまとまらないと、母親は焦ってしまいます。

そういう場合は、**とりあえず塾に入ってしまうという手があります。とりあえず入ってしまって、受験するか否かは6年生になってから決めればいい**のです。逆に、入塾せず5～6年生になって「やっぱり受験したい」と思っても、そこから受験に間に合わせるのは至難の業。だったら「とりあえず」でも入っておけば選択肢を狭めずに済むというわけです。

4年生から塾に入ったとしても、いきなり夜中まで勉強させられるわけではなく、最初は学習習慣を作るのが最大の目的。遊ぶ時間もあり、他の習いごともできます。それほど劇的に生活が変わるわけではないので、保険として受験を視野に入れた塾に入っておくのもひとつの選択です。

ただし、中学受験に向かないタイプのお子さんがいるのも事実。やんちゃ坊主の男の子などは、なかなか勉強が計画通りに行かないこともあると思います。受験するかしないかで迷った場合には、子どもの性格もひとつの判断基準にするといいかもしれません。

また、実際に受験するかしないか、または志望校に受かるか受からないかにかかわらず、中学受験の勉強を経験することによって得られるメリットは、実はたくさんあります。学習内容が非常によくできているからです。就職活動の時に企業で受けるＳＰＩが、まさに中学受験の基礎問題とそっくりであることは、中学受験勉強が単なる受験のための勉強ではなく、大人になっても必要となる「考える力」にもつながっていることを示しているのではないでしょうか。

そういった理由からも、もし最終的に受験をしないという決断をしたとしても、中学受験の内容をひととおり学んでみることは、とても意義のあることなのではないでしょうか。

（回答者：育児・教育ジャーナリスト　おおたとしまささん）

お悩み36

共働きでも中学受験はできる？

中学受験は親がサポートする範囲が広く、お弁当を作ったり、塾への送り迎えが発生したりしますし、それだけでなく計画性も必要になってきます。塾から出る宿題のボリュームが多いため、それらを計画的にこなしていくためには、スケジュールの管理も必要です。もちろん、小学3年生（新4年生）ひとりではそれができるはずもありませんから、親が手伝うことになります。このように、中学受験における親の負担は大変大きく、子どもが塾に行って勉強しているだけでいいというものではないのです。

それでも、共働きをしながら受験対策をしている家庭はたくさんあり、不可能というわけではありません。基本的にはできるはずなのですが、特に母親の中には「働きながらでは十分にサポートできない」と考えてしまう人はたくさんいます。受験対策をしているのにもかかわらず成績が上がらないと、「私が十分にサポートできる時間を持てないのが悪い」と考えて、仕事を辞めようと考えてしまう人もいるのですが、それで仕事を辞めるのは早計です。

受験勉強のスタート時はともかく、最終的には自分でスケジュールを立て、自分でやる気をコントロールできる子どもが納得のいく結果を得ています。つまり、少しずつ手のかからない状態にしていくのが、中学受験の理想的な進め方。子どもが自立していくという目的を考えると、母親が仕事を辞めても状況は大きくは変わらないと考えられます。

それに、親が横で付ききっきりの場合は、子どもが迷惑に感じてしまうこともあります。仕事にたとえるなら、上司が四六時中横で監視しているようなものですから、それでは息が詰まってしまいます。

親ができることは、マネージャーや会社の管理職のような役割です。1週間のスケジュールを週末一緒に作り、毎晩「ちゃんとできた?」とチェックしてあげます。もしできていなかったら「その分はいつやろうか?」と促してあげましょう。

要領のいい人であれば、働きながらでも十分に対応可能です。会社の管理職が部下の仕事の進捗《しんちょく》を管理するようなものなので、働く親のほうが得意と言えそうです。母親が専業主婦で、父親がスケジュール管理をしているケースも少なくはありません。

(回答者:育児・教育ジャーナリスト　おおたとしまささん)

お悩み37

私立中学を選ぶメリットはどこにあるの？

中学受験をする意味は、「思春期をどういう環境で過ごすのか」を選ぶことであり、さらに、意志を持って自分の過ごす場所を決められるというメリットがあります。落語家になりたい人が、師匠を選ぶことを想像してみてください。「こんなふうになりたい」「この人から教えを請いたい」という人に「あなたの弟子にしてください」と頼むはずですよね。

自分で選ぶという行為は子どもを成長させます。親の意図は介入するものの、ある程度主体的に決めるので自分の責任が発生します。入った後に不満があっても「自分で決めたんだから」「自分で努力して入ったんだから」と考え、自分の選択に責任を持てるようになるのです。

また、わざわざ受験をして入った学校ですから、学校に対する思いが違います。仲間に対しても、「同じ受験勉強をしてきて、合格した人たちなんだ」という尊敬の念が生まれているはずです。これらは公立中学では味わえないことではないでしょうか。

受験先は中高一貫校が多いと思いますが、その場合は高校受験を気にせずに思春期を過

ごせるというメリットもあります。もちろん勉強はするものの、テストの点数や内申点に一喜一憂することなく、中高一貫校ならではのカリキュラムに力を入れることもできます。社会の授業ではディスカッションに時間をかける学校もあるでしょう。学校の宿題も、ドリルばかりではなくレポートで考えさせるものが多いという特徴もあります。

2020年度以降、大学入試改革が予定されています。今後は、詰め込みや付け焼き刃的な勉強では太刀打ちできないような入試に変わっていくことが予想されますから、そこで必要になってくるのは「学力の土台」です。**中高一貫校なら、ドリルをやっているだけでは磨けない「学力の土台」を、時間をかけて築く貴重な時間を得られます。**

中高一貫校ではない中学校に入学した場合、14歳、15歳という最も多感な時期を受験に費やすことになります。

かたや、中学受験の場合は12歳。「この年齢から受験勉強させるのはかわいそう」という考え方もあるかもしれませんが、小学生の放課後の過ごし方は、塾に行っていなくてもゲームをするかテレビを見るくらいだったりします。それなら、むしろ塾に行っていたほうがいいという考え方もあります。

(回答者：育児・教育ジャーナリスト　おおたとしまささん)

先輩ママの体験談

子どもの勉強のサポートのしかた

家事の手を一旦止めて娘の隣で一緒に勉強

小3の娘が持ち帰ってくる毎日の宿題（計算ドリル、漢字ドリル、プリント）と習いごとのプリント10枚を夕飯後に一緒に見ています。

1年生の頃は隣について手取り足取り教えていましたが、3年生になった今は、ほとんどの問題を自分でやって、わからないところだけ私に聞いてくるスタイルです。量もそれなりにあるので、集中力が切れたら、体操教室で習ってきた運動を一緒にしたりして、体を動かして遊んでいます。

子どもの勉強を見る時は、お皿を洗いながらとか、片手間にやってしまうと、結局中途半端になってしまって逆に効率が悪いと思います。なので、私も一旦家事の手を止めて、娘の隣で一緒にTOEICの勉強をしています。娘もママが隣で一緒に勉強していると落ち着くようです。

親子でこういう時間を持つと、「同志」のような感じになっておもしろいですね。特に我が家はひとりっ子なので、一緒に物事に取り組める仲間がいたほうが、絶対に楽しいと思います。

名前：齋藤珠希さん
職業：IT系企業の人事
子ども：9歳

IT系企業の人事として働く。子どもが生まれてから今でもずっと2時間の時短で勤務。夫と小3の娘の3人家族。

子どもの勉強嫌いを克服しました

手作りのタスクボードで日々の「やること」を可視化

勉強は毎日少しでいいからコツコツと続けることが大事だと思い、公文式をやらせています。親の見ていない時でも自主的に取り組んでほしいと思い、「タスクボード」を子どもと一緒に手作りしました。

勉強だけでなく、着替え、はみがき、ピアノの練習など、たくさんの「やること」の札を作って、朝、昼、夜に分けて吊るしておき、終わったら自分でひっくり返していきます。

これがあると、自分が今何をやる必要があるのか一目瞭然だし、私としても、「宿題はもう終わったの?」といちいち聞かなくて済むので、双方にストレスがありません。

できたら表にシールを貼っていく方法も試したことがあるのですが、シールや台紙を何枚も用意する必要があって、結局長続きしませんでした。でもこのボードなら、一度作ればずっと使えます。

札をひっくり返して「ＯＫ」にしていく充実感が嬉しいようで、自分から進んで課題をやるようになりました。

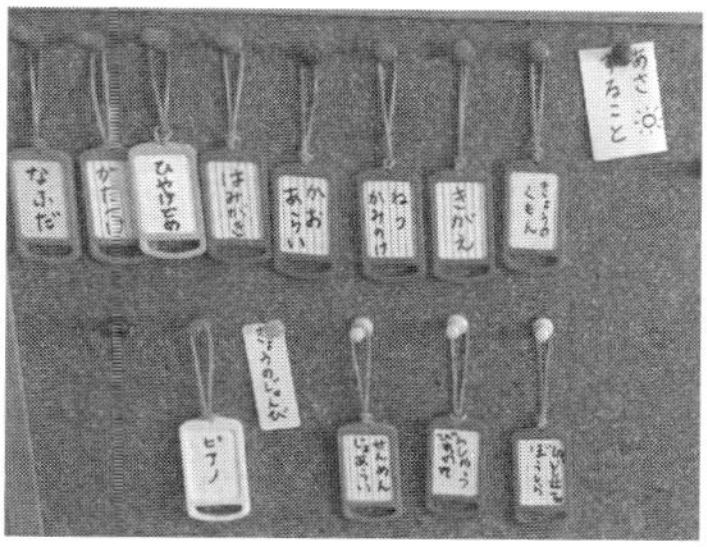

↓

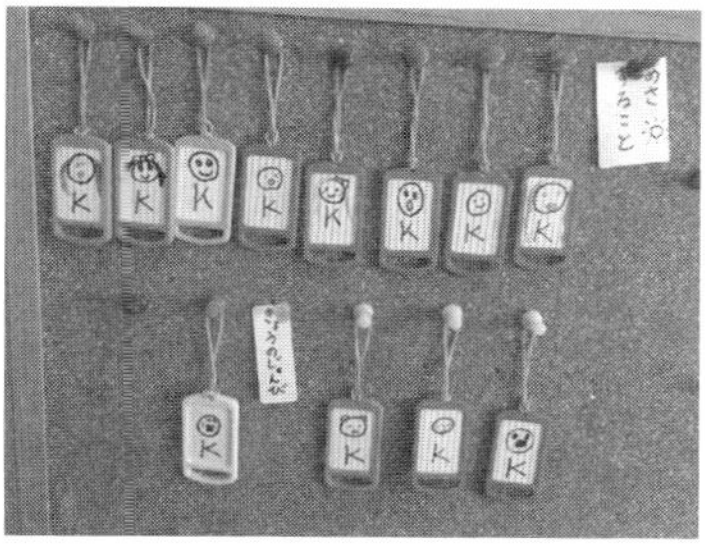

名前：神野美穂さん
職業：会社経営者（公認会計士）
子ども：10歳・6歳

株式会社サイオンアカデミー代表取締役。ワーキングマザーのマーケティング調査や企業研修を行う。第2子を出産後に仲間とともに「ママ士業の会」を立ち上げる。

中学受験をやめました

息子の意思を尊重した結果「中学受験をやめる」決断

最初は中学受験をするつもりで、小3の終わり頃から塾に行かせ始めました。クラスの6〜7割は中学受験をする地域なので、それが当たり前だと考えていたんです。

息子の異変を感じ始めたのは小4の夏休み。塾漬けの毎日を送っているうちに、「もう勉強ばかりするのは嫌だ」と言って、勉強に身が入らなくなっていきました。

塾の先生からも「まったくやる気がないですね」と言われるほど態度が悪くなっていて、本人に話を聞いたら、「友達とも全然遊べないし、何のためにそんなに勉強しなきゃいけないのかわからない」とのこと。

息子と真剣に話し合っているうちに、「みんなが受験するからうちもしなくちゃいけない」と思い込んでいた自分が間違っていたのかもと感じ、受験をやめることに。

私自身は地方出身で、国立大学付属中学の受験をする子はクラスに2〜3人、私立中学はありませんでした。公立の中高でしっかり勉強して希望の大学に行った人も大勢知っています。ですから、「私立中学が絶対」とは思っていないところがあり、受験をやめる覚悟ができたのかもしれません。生まれながらに都会の人のほうが「私立に行かないと良い大学、良い就職につけない」という思い込みが強い気がします。

現在、公立中学に通っている息子は、毎日のびのびと楽しそうに過ごしています。私立に行って離れ離れになった友達も多いですが、昔と違って今の子はSNSなどでつながりがあるので、特に寂しさはないようです。「高校からは友達と同じ私立高校に進もうかな」なんて、自分から言い出したりもしています。

結局のところ、どっちが良かったのか、今はまだわかりません。でも、これまで親の言うままに行動していた息子が、「やめるという選択」をしたことで、自分の意思で物事を決めることを覚えたんじゃないかと思います。親の責任は「親の思う最良」に誘導することではなく、「子どもにとっての最良」の選択肢を広げてあげることなんだと、今になってわかりました。

名前：有澤和歌子さん
職業：キリロム工科大学（カンボジア）東京事務所長
子ども：14歳

「卵子の老化」を伝えるゲーム「the Choices」を開発・展開する「wombプロジェクト」代表。

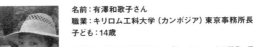

小5で中学受験を決めました

勉強は塾、家はリラックス　オンとオフを分けること

娘の希望で中学受験をして、第一志望に入学しました。

もともと中学受験はまったく考えていなかったんですが、5年生の夏に娘が突然「志望校を受験したい」と言い出したんです。詳しく聞くと、将来なりたい職業が決まっていて、そのために今小学生の自分ができるのは、志望校に入って勉強することだと言うんです。そこまで明確な意思があるのなら、希望を叶えてあげたいと思い、通っていた塾を中学受験コースに変更しました。

私がサポートしたことといえば、夜、塾で食べるお弁当に栄養のあるものを入れてあげたり、車でお迎えに行ったりするくらいです。

塾で思いっきり勉強してきているので、家ではあえて勉強の時間を作りませんでした。娘にとって家がリラックスの場であるように、今日の出来事をじっくり聞いたり、ゲームをしたりして過ごしました。厳しい受験生活を乗り越えるには、「オン」と「オフ」をしっかり分けることが大切だと感じています。

名前：中村優さん
職業：主任介護支援専門員
子ども：13歳・12歳

週に2回、平日の夕方に大学院に通い、高齢者と薬剤の関係について研究し、ケアマネジメント学の修士号を取得。現在博士号取得に向けて研究中。

先輩ママの体験談

一緒に勉強して、遅れを取り戻しました

週に1度はカフェで勉強　親子そろって集中する時間

4年生の夏休みから中学受験を意識して塾に通い始めました。周りの子は、3年生頃から受験の準備を開始していたので、ちょっと出遅れてしまったんです。ちょうどその頃、私が起業するタイミングで、時間に融通がきいたので、みんなが進んでいるところまで親子で一緒に勉強しました。

5年生になってからは週に1回親子でカフェに行き、テストの復習をするのを習慣にしていました。娘はママと一緒にカフェに行けるその時間が大好きでしたし、環境が変わると集中できるようでした。私自身も、娘の勉強を見ながら隣でパソコンを開いたりしていて、お互いにとって落ち着いて勉強や仕事ができる良い時間でしたね。

塾に通い始めて勉強がわかるようになってからは、「昔のバカな自分よりも今の自分のほうが好き」なんて言っていましたよ（笑）。

結果、憧れだった女子校に無事合格。「頑張った結果の成功体験」を味わうことができて、精神的にも成長したようです。

名前：端羽英子さん
職業：株式会社ビザスク代表取締役
子ども：14歳

社会人1年目で妊娠、23歳で出産。子連れでマサチューセッツ工科大学に留学しMBAを取得。ビザスクを運営する株式会社walkntalk（現 株式会社ビザスク）を設立する。

小学校受験を経験しました

夫婦そろって受験教室を参観　休日に集中して受験対策

小学校受験で大変だったのはスケジュールのやりくりです。平日は保育園のお迎えに行った後、夕飯、お風呂、寝かしつけまでこなすだけで精一杯だったため、土日しか受験の準備をする時間がありませんでした。そのため、受験の教室は土曜日に集中させていて、できる限り夫と一緒に授業を参観し、子どもの状況を夫婦で共有できるようにしていました。

ただ、受験直前になると、平日のみ受講可能な短期の学校別集中講座などもあるので、それを受講するために、シッターさんを頼んで連れて行ってもらうこともありました。

仕事から帰ってきたら食べて寝るだけで精一杯の毎日でしたが、受験に取り組むことは、結果的に、子どもと向き合う時間をひねり出してくれました。小学校受験とは、「子どもの良いところはどこなのか?」と「得意なこと、苦手なことはどんなことなのか?」を考えて明確化する作業でもあり、これから子育てをしていく上で大変貴重な時間になったと思います。

名前：匿名希望さん
職業：玩具メーカー勤務
子ども：10歳・8歳

大手玩具メーカーにてフルタイムで働く。長男長女ともに小学校受験を経験。

5章

「本当に子どものためになる」英語教育を考える

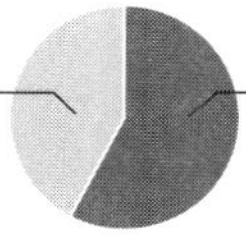

Q　子どもに英語学習を行っていますか?

約6割の人が何らかの英語学習を行っているという結果に。小学校での英語教育の必修化も視野に入れ、早くから英語を勉強させたいという親は増えています。

お悩み 38

そもそも、子どもの頃の英語教育って必要?

日本で普通に暮らしている幼児期の子どもに、英会話のレッスンを受けさせたり、教材を使って家庭で勉強させたりしても、残念ながら、すぐには英語をしゃべれるようにはなりません。

2つの言語を同じように聞いたり話したりできるバイリンガルになるためには、日常の40パーセント以上を、もうひとつの言語を使って生活しなければならないと言われています。そういう環境を子どもに与えるためには、インターナショナルスクールなどに入れる、ということになりますよね。しかし、地域によっては、そういった学校や幼稚園が無いことも多いですし、教育費がかかるという問題もあり、あまり現実的ではありません。

また、そこまでして子どものうちから英語を話せるようになる必要があるかどうか、という問題もあります。そこをもう一度考えてみると、多くの家庭では、**今すぐ話せるようにならなくても、将来的に話せるようになればいい、**ということになるのではないでしょうか。

その場合、**幼児期の英語教育は英語へのモチベーションの醸成期間と考えると良い**でしょう。

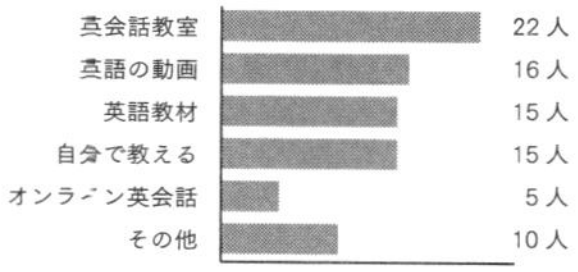

Q　英語教育の内容は？（複数回答）

英会話教室に通わせるのがスタンダードのようですが、教材を購入したり、英語の動画を見せる、オンライン英会話など、自宅で行っているという方も。

日本に暮らしながら英語を話せるようになりたいなら、ある程度成長してから、自分の意志で勉強していくことが大切になってきます。では、将来英語を積極的に勉強するマインドを持てるようになるために、今できることとは何でしょうか。それは、**英語に対するポジティブな印象を子どもが持てるようにする**ことです。

高校生や大学生、または社会人になって、海外に出て仕事がしたいとなった時、または、どうしても英語を使わなければならない環境に置かれた時に「じゃあ、ここで集中的に勉強するぞ！」という意欲を持てるかどうかは、幼い頃に楽しく英語と触れ合った経験があるかどうかにかかってきます。

今、幼い子どもを持つ親の世代は、自分が英語で苦労した経験から、子どもは必ずバイリンガルに、と考える人も多いようですが、この時期はマインドを醸成する期間と考え、焦らないことが大切です。あまりに親が熱心になってしまうと、逆にそれが将来自ら勉強する妨げとなってしまうこともあります。

（回答者：通訳・翻訳・バイリンガルライター　川合亮平さん）

お悩み 39

将来的にはバイリンガルを目指すべき？

自分自身が英語で苦労した経験から、子どもには幼い頃からきちんと身につく英語教育を受けさせ、早い段階でバイリンガルにしたいと考えている親は最近多いようです。そのために、とりあえず評判がいいからと高価な教材を購入したり、ネイティブスピーカーの先生がいる英会話スクールに通わせたりと、英語教育への熱は最近加速する一方。でも、将来子どもにどんな人生を歩んでほしいかによって、英語をどの程度習得すべきなのかが変わってきます。

考え方によっては、**英語と日本語を同等のレベルで話せる「バイリンガル」を目指す必要が無い場合も多くある**と思います。どのレベルまで子どもに英語を習得させたいのか、一度考えてみることが大切なのではないでしょうか。

英語習得のゴールをどこに設定するのかによって教育方針は変わってきます。「大学から海外に行かせたいので、高校卒業時点で、英語での授業についていける程度の英語力を身につけさせたい」なのか、「社会人になる時に仕事上の英語でのコミュニケーションに困らない程度の英語力を身につけさせたい」なのか、または「大学までにとりあえず日常会話ができる程度の英語力を身につけておけばいい。社会人になってもっと必要になったら自分で勉強しろ」なのか、具体的にイメージしてみてください。

子どもの意志が大事という意見もあると思いますが、3～5歳くらいの子どもにはまだそこまで具体的な意志は無いと思いますので、それはいったん置いておいて、今は、親として子どもにどうなってほしいのかを考える必要があるのではないでしょうか。

「日常会話が英語でできるように」くらいに考えているのであれば、今は楽しく英語と触れ合えるような英語教育を受けさせておき、子どもが小学生くらいになって、ある程度将来の夢などが出てきた時に「将来は海外で働きたい」と言い出したら、「じゃあ大学から海外の学校に行くのがいいのか、または、高校から行くのか」と、具体的に子どもと相談して設計していくのでも遅くはありません。

そんなふうに、親として**英語習得の将来的なゴールを考えておけば、今必要な英語教育がどんなものなのかが見えてくる**はずです。教材や英語教室を選ぶ際にもぶれず、教育費を無駄に費やさずに済むと思います。

（回答者：通訳・翻訳・バイリンガルライター　川合亮平さん）

お悩み40

英語学習へのモチベーションを上げさせたい！

日本の保育園や幼稚園に通い、普通に生活していると、英語を話す機会はほとんどありません。英語を話せなくても何も不便を感じない社会では、子どもは英語の必要性をまったく感じることができないので、英語を勉強しようというモチベーションを上げるのが第一のハードルだと思います。

そんな中で子どもの英語学習へのモチベーションを上げるためには、**親のマインドがもっとも大事です。たとえば親が、洋楽や外国の映画、ヨーロッパのサッカーが好きなど、異文化へ目が向いていれば、子どもは素直なので影響を受けます。**そういう家庭で育つと、成長するにつれて、自分自身にも好きな映画俳優や好きなスポーツ選手が出てきたりして、たとえば「ハリー・ポッターのエマ・ワトソンみたいに英語をしゃべれるようになりたい」というふうに、子どもの中で英語を話す憧れの人が出てきます。そうなると勉強するモチベーションも自然と上がっていくのではないでしょうか。

逆に、子どもには英語を勉強させたいと思っていながらも、親が海外の文化にまったく興味が無かったり否定的だったり、または、文化や言語の違う海外の人とコミュニケーションをとることに抵抗感があったりするのでは本末転倒です。

親が外国の人と片言の英語でもいいので話している姿を見せると、子どもの中では、将来自分も当然英語を話すようになるだろうというイメージを持つことができるようになります。ただし、日本では日常的に外国人と話す機会を作るというのはなかなか難しいもの。そういった意味では、外国人の先生がいる英会話スクールに親子で通うというのは意味があることかもしれません。

また、**子どもに勉強をさせるのと同時に、親自身が英語を勉強し続けている姿を見せるということはとても大事**なことです。子どもにだけ「英語を勉強しろ」と厳しく言っても、自分がまったく英語ができなかったり、英語を勉強する気持ちも無かったりでは、子どもに対しての説得力に欠けます。子どもよりもまず自分の英語力を上げる気持ちで、一緒に勉強していくことが、子どもにも良い影響を与え、自分の英語力も上がり一石二鳥です。

（回答者：通訳・翻訳・バイリンガルライター　川合亮平さん）

お悩み41

どうやって先生やスクールを選べばいいの？

数多くある英会話スクールの中で、どこを選べばいいのか、頭を悩ます人も多いのではないでしょうか。消費者心理としては、少しでも良いスクールを選びたいと考えるはず。しかし、結論から言うと、**ある程度しっかりとした英会話スクールなら、どこもそれほど変わりはありません。大切なのは、通っている子どもが楽しめるかどうかです。**

小さな子どもの中には、外国人の先生を怖がる子もいるかもしれません。それなのに、ネイティブの先生のほうがいいと信じて無理矢理通わせてしまうと、嫌なのに無理に通わされたということがトラウマになる可能性もあります。

ネイティブスピーカーの先生でないと正しい発音が身につかない、その中でもイギリス英語を話す先生でないと……などを気にする方もいますが、そこはまだそれほど気にしなくてもいいと思います。その人の英語を、将来的にずっと聞き続けるわけではないですし、それよりも子どもに対して楽しく教えてくれる先生かどうかが重要。**楽しく教えてくれる先生なら、日本人でもいいですし、ネイティブスピーカーではない人でもいいでしょう。**

できれば、その先生が子どもの憧れの存在となるような先生だとより理想的です。英語の勉強では、ロールモデルとなる人がいることがとても重要で、その英会話の先生に対して、「あの先生、かっこいいな」とか「将来あの先生みたいに、英語と日本語の両方をしゃべれる人になりたいな」と子どもが感じることができると、それはとても良いモチベーションになります。

また、小学校でも英語が必修となり、今までは小学校5〜6年生のみだったのが、今後は小学校3年生からになるという話もあります。公立の小学校では、基本的には担任の先生がさまざまな教材を用いて教えてくれるようですが、英語が話せない担任の先生が教えるからといって、これもまったく意味が無いわけではありません。小学校での英語との出会いが楽しければ、自らもっと勉強しようという気持ちにつながる可能性もあるからです。

教え方やカリキュラムに賛否両論あるかもしれませんが、たとえ教えてくれる先生自身が英語を話せなくても、楽しく英語を学ぶような体験を、子どもたちにさせてくれるならば、これをきっかけとして、英語を学びたいというモチベーションにつながるのではないでしょうか。

（回答者：通訳・翻訳・バイリンガルライター　川合亮平さん）

お悩み
42

英語教材、種類が多すぎて選べません……

英語教材を選ぶ場合、目的に合わせて教材を選ぶことが大切です。英語を習得するためには、英語に親しむというところから、聞く、話す、読む、書くなどの段階があると思いますが、今の段階で子どもに何を身につけさせたいのかをまず考えてから、教材を選びましょう。

5歳の子どもなら、英語に親しんだり、英語を耳で聞いたりすることなどが目的となってくると思いますが、その場合は、たとえば**衛星放送などで見られる、幼児向けの英語のアニメ**を教材としても良いでしょう。英語を聞くことに慣れるだけでなく、海外の生活文化を知ることにもつながり、それが英語を学ぶモチベーションになるかもしれません。

聞いたり話したりするための教材なら、好きな映画を利用するという方法もあります。子どもが好きで何度も見ていて、**ストーリーをすでに理解している映画**があれば、それを今度は英語で見てみましょう。DVDなら英語字幕も出てくるので、一緒に言い回しを真似して言ってみることもできますね。繰り返し見ているうちに、子どもは、聞き取れるようになったり、表現を覚えてしまうこともあるでしょう。

また、もう少し大きくなって、英語を読み聞かせたり、一緒に読んだりしたいなら、**「オックスフォード・リーディング・ツリー」はおすすめ**です。これは、イギリスの小学校で実際に教科書として使われている本。主人公の少年とその家族や友人の日常生活が描かれていて、ネイティブの子どもたちが話す自然な英語でつづられています。１話は短いお話なので、幼児期の子どもへの読み聞かせや音読の教材としても良いでしょう。

（回答者：通訳・翻訳・バイリンガルライター　川合亮平さん）

川合さんおすすめ英語教材＆絵本

オックスフォード・リーディング・ツリー	イギリスの多くの小学校で国語の教科書として使われている教材。実際によく使われる生きた英語を学ぶことができ、イギリスの人々の生活も垣間見ることができる。
It's Okay to Be Different	「みんな違っていい」という多様性をやさしい英語で教えてくれる絵本。
The Tiger Who Came to Tea	イギリスの名作絵本。やさしい英語で書かれているので、読み聞かせにもぴったり。
The Very Hungry Caterpillar	日本でもよく知られている絵本。食べ物や数字、曜日などを楽しく覚えられる。

お悩み 43

結局どうすれば英語をしゃべれるようになるの？

日本人として日本に暮らしながら英語を習得した人に話を聞くと、多くの場合、人生のどこかのタイミングで集中的に英語を勉強する期間があったという人がほとんどです。

たとえば、大人になってから、突然海外に赴任することになり、数カ月間集中的に英語を勉強したという人もいれば、高校生や大学生の時に留学し、その前後の期間も含めて英語漬けの日々を送ったという人もいます。**ある一定期間、なかば強制的に英語漬けの生活を送ることが、英語力を飛躍的に上達させることにつながる**ようです。

言語の習得については、実は細く長く続けることにはあまり意味がないと考えています。毎日コツコツと勉強を続けることはもちろん大切なのですが、**少しずつ続けていきながらも、どこかのタイミングでほとんどの時間を英語に投資するような期間を持つことが、英語を習得できるかどうかを左右します。**

また、中学生になって本格的に教科として英語を学び始めると、これまでは楽しく英会話のレッスンに通っていたのに、急に苦手意識を持つようになる子も多いと聞きます。そして、テストの点数が悪いとそれによってますます勉強するのが嫌になるという悪循環に陥ることもあるとか……。しかし、学校で教科として学ぶ英語と、生活で使う言語は別物だと考えたほうがいいでしょう。

学校のテストの点数が悪くても話せるようになった人はたくさんいます。逆に学校のテストの点数は良かったのに、大人になっても話せないという人もいます。よく聞く話として、「帰国子女で英語をしゃべれるのに、ＴＯＥＩＣを受けたら良い点は取れなかった」ということがありますが、それと同じことですね。

学校での成績が悪くて自信を失っている子には、「学校の英語の成績が悪くても、将来的に話せるようになることはできるよ」ということを、ぜひ親から伝えてください。このことは実はとても大事で、「将来は英語をしゃべれるようになる」と信じて勉強している子と、「やっても本当にしゃべれるようになるのかな……どうなんだろう……」と思いながら勉強している子では、全然効果が違ってくるのです。**できるという前提でやっている子のほうが、英語の習得までがスムーズ**だと思います。

（回答者：通訳・翻訳・バイリンガルライター　川合亮平さん）

お悩み44

子どもが小さいうちに留学させたほうが有利？

最近は、子どもが小さいうちから海外に留学させたり、親子留学をしたりする家庭も増えていると聞きます。それが英語の上達にどれほど効果があるのかと考えると、**2〜3週間留学しても、そこで英語を習得できるというわけではありません。**

ただし、親子で異文化に触れて楽しい体験をしたことは、子どもの記憶に必ず残るので、その点では効果があると言えるのではないでしょうか。英語や異文化に対するポジティブな経験のひとつとして子どもの記憶に必ず残ると思います。

しかし、もし留学をもっと直接的に英語の習得につなげたいと考えるなら、もう少し成長してからのほうが効果は大きいと言えるでしょう。高校生または大学生で半年ほど短期留学するとか、高校生で短期留学し、大学は海外の大学に行くという選択肢もあると思います。親子留学となると旅費や学費も多くかかりますから、**留学させるのはもう少し先と考えて、子どもが高校生や大学生になった時に使えるよう、教育費をとっておいてもいい**のではないでしょうか。

また、中には子どもが幼児期に、1年以上にわたり親子で留学する方もいますが、その場合、子どもは間違いなく英語を話せるようにはなります。ただし、帰国後それを維持するためにはどうするかを考えることが大切です。言語は使わなければどんどん忘れていってしまうもの。そのため、帰国してからも、日常的に英語を使う環境を与え続けることが必要になってきます。

一方、一家の中で使えるお金には限りがあるので、何に使うのが効果的かと考えれば、今まだ子どもが小さいなら、親自身の英語学習のために費やしたほうが得られるメリットが大きいという考え方もあります。子どもがまだ幼児ということは、親は20代～30代、または40代くらいですよね。今からでも英語を習得すれば、仕事の幅が広がる可能性だって大いにあります。

それだけでなく、まずは親が英語を学ぶ姿を子どもに見せることが、子どもの英語教育にとって何よりも大切なことなのです。親が、忙しい時間をやりくりして懸命に学ぶ姿を見せれば、子どもも自ら学びたいと思うようになるでしょう。

（回答者：通訳・翻訳・バイリンガルライター　川合亮平さん）

お悩み45

親子で楽しく英語を勉強する方法が知りたい！

せっかくなら親子で英語を楽しく勉強したいと考えた時に、**自宅でもどこでも手軽にできるおすすめの方法は、英語の歌を一緒に歌うこと**です。

大人にとっても、発音とリスニングのいい練習になります。英語を話すことにおいては、リズムがかなり大切。リズムさえしっかりしていれば、多少文法や単語が間違っていても通じるんです。逆に、文法がしっかりしていて、単語をたくさん知っていても、リズムが単調だと通じないこともあります。

幼児期は、頭で考えるよりも感覚的に受け入れるということが得意な時期なので、この時期には、**単語や表現のしかたを覚えるよりも、英語のリズムを身につけさせてあげることは大きな意味がある**と思いますね。大人の場合、文法や単語などの知識はあるのに、なかなか英語が通じないと悩んでいる方も意外と多いのですが、リズムの練習をすると一気に話せるようになることがあるほど。そのため、子どもと一緒に歌を歌って、英語特有のリズムを身につけるといいと思います。

では、どんな歌を一緒に歌えばいいのでしょうか。そこで利用するといいのが、インターネットの動画サイト。子ども向けの歌がたくさんアップされているので、これを見ながら一緒に歌うといいと思います。検索する際には「Nursery Rhymes」と検索しましょう。「Nursery Rhymes」とは、童謡やわらべ歌、子守唄のような意味です。英語圏で多くの子どもに歌われている曲がたくさん出てきますよ。代表的なものとして「Finger Family」「Twinkle Twinkle Little Star」「Baa Baa Black Sheep」「Old MacDonald Had A Farm」など、他にも一度は聞いたことがある有名な曲が数多くあります。

また、最近ではスマートフォンのアプリで英語の童謡を聴けるものや、英語字幕が見られるものもあるので、そういったアプリを利用してもいいかもしれません。または、押すと英語の歌が流れるおもちゃを利用するのも

簡単な英語で歌える童謡

Twinkle Twinkle Little Star	日本でもよく知られているきらきら星の英語版。
Finger Family	5本の指を家族に見立てた英語の手遊び歌。
London Bridge	イギリスの童謡の定番。2人でアーチを作り、その下をくぐりながら歌うという遊び歌としても知られている。
Head, Shoulders, Knees and Toes	頭、肩、ひざ、つま先に触れながら楽しく歌える童謡の定番。
Old McDonald Had A Farm	マクドナルドさんの牧場を舞台に、さまざまな動物が出てくる歌。動物の名前や鳴き声を覚えられる。
If You're Happy and You Know It Clap Your Hands	「幸せなら手をたたこう」の英語版。手や足を鳴らしながら、楽しく歌うことができる。

おすすめの方法です。
ただし、いずれも場合にも、**日本語の曲を英語にしたものではなく、もともと英語圏で歌われている曲が聴けるものがいい**ですね。

（回答者：通訳・翻訳・バイリンガルライター　川合亮平さん）

先輩ママの体験談

親子留学をしました

長期休暇を利用してフィリピンへ親子留学

4歳の子どもを連れてフィリピンに親子留学しました。

私が仕事で海外事業部に部署異動することになり、そのタイミングで1カ月の休暇をもらったのがきっかけです。せっかくの機会なので、気持ちをリセットするとともに、英会話をしっかり学びたいと思い留学を決断しました。

期間は1週間。幼稚園が併設されている大学ですが、私と子どもはそれぞれ違うプログラムです。滞在中はずっとナニーさんがついていて、幼稚園の間もフォローしてくれるので、安心して預けることができました。

子どもの適応力は目を見張るものがあり、1日目は大泣きだったのに、2日目からは元気いっぱい、お友達もできたようです。「ハロー」しか知らなかった英語も、最終日には「トイレに行きたい」とか「これがほしい」くらいは言えるようになっていました。

費用は2人合わせて40万円弱。最近は親子留学のプログラムも充実していて、大学で学べる選択肢も増えているので、おすすめですよ！

名前：鷲見美緒さん
職業：インターネットサービス運営会社・海外事業部
子ども：6歳・0歳

レシピ投稿・検索サイトを運営する企業の海外事業部で、国際展開を手がける。現在は第2子を出産したばかりで産休中。

英語の学童に通わせています

保育園の頃から英語学童へ　英語環境で育つメリット大

英語の学童は、「小1の壁対策」の意味合いも含めて、保育園年中さんから通わせ始めました。というのも、息子が小学校に上がるタイミングでフルタイム勤務に戻ることが決定していて、学校併設の学童だけでは日々の生活が回らないことが予想されたからです。そこで、保育園の時に「家の近くまでバスで送迎してくれる」ことを条件に学童を探しました。

保育園通園中から通わせ始めたことで、小学校入学のタイミングですべてが新しい環境になる、という状況も避けることができました。

また、早くから英語環境に慣れていたおかげで、英語を勉強だと思っておらず、ぐんぐん吸収します。発音も良いので、帰国子女に間違われることもあります。

学校のコミュニティ以外に放課後の居場所があるのもいいですね。学校で嫌なことがあっても、違うメンバーの中で週2回過ごせるメリットは大きいと思います。

現在小学校3年生になり、学校で英語の授業も始まりましたが、「しゃべれてすごい!」とお友達に言われて得意がっています（笑）。

名前：岩瀬奈穂さん
職業：宣伝広告部
子ども：9歳

1998年、株式会社東京ドームに入社。「ラクーア」「アソボ〜ノ!」などの開発に携わる。現在、東京ドームシティ公式サイトの運営、およびSNSの運営、管理を行う。

6章

家庭内を円滑に回す
テクニックを考える

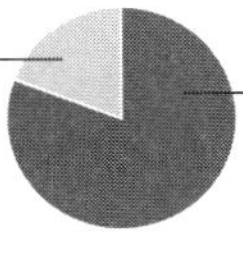

Q 夫は家事に協力的ですか？

8割の人が「はい」と回答しましたが、「協力的だと思えるレベル」は人によってまちまち。客観的にみるためには、P167〜170の分担表などを活用しましょう。

お悩み 46

夫が家事育児に協力的じゃない！

この章では、おもに5歳の子どもを持つワーママや先輩ママたちがどのようにお悩みを解決してきたか、そのリアルな回答を紹介していきたいと思います。

オンラインスケジューラーを活用してやるべきことを共有

我が家はオンラインの家族共有用スケジューラーを活用していて、残業や出張等の仕事、飲み会、子どもの習いごとなど、わかった時点ですぐに共有しています。家事育児については、その日に何をすべきか認識が違っていることも多いので、ルーチン以外はタスクをリスト化して共有し、担当を決めておきます。

家事の得手不得手のばらつきはありますが、お互いやらない、できない家事をなくすことは大切。たとえば夫が寝かしつけをできないと、保育園のお迎えは毎回ママになってしまい、残業することも、飲みに行くこともできません。

そもそも平日は、子どもと過ごす時間、仕事の質、自分自身の睡眠時間を確保するために、あまり無理して家事をしないようにしています。**はみ出る家事は夫婦で押しつけ合うよりも、あきらめるかアウトソースする勇気を持つことも大事**（たとえば、掃除はお掃除ロボットをかけるだけ、洗濯物がたためなくても仕方ないとあきらめる、食事は週末の作り置きを活用するなど）。

我が家では4年半ほどハウスキーピングを週に1回、4時間ほどお願いしています。1時間1500円でコストはかかりますが、金曜夜に疲れ切って帰ってもホテルのように整えられた部屋、クローゼット、ピカピカの洗面台を見ると、週末を心の余裕をもって迎えられます。もはや体力と根性だけでは回せません。

（菅谷さと子さん／PRマネジャー／子ども4歳、0歳）

週に1度、夫婦でゆっくり話し合う時間を作る

育休から復帰した当初は、大部分の家事育児を私がしていたため、主人に対して「もっとやってくれればいいのに」「中途半端になるならしないで」などと不満も溜まりがちでしたが、子どもが5歳になった今、私の負担はかなり減ってきています。子ども自身が自分でできることが増えたのもありますが、主人も自分が何をすればいいのかやっと掴めてきたようです。

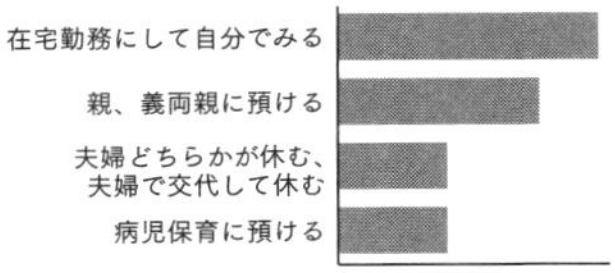

Q　子どもが病気の時の夫婦分担は?

在宅勤務制度がある会社も最近増えているので、自分や夫、祖父母など、家族で何とかしているケースが多いよう。病児保育や病児シッターなどを利用している人も。

子どもが成長して、最近ようやく週末の夜に夫婦2人で話す時間が持てるようになりました。これが大きな変化だったと思います。**お互いその週に感じたことや、お願いしたいことをきちんと言葉にして伝える**ようにすると「この人はこんなことが気になるんだ！」「こんなふうに感じてたんだ」と、それまで気づかなかった発見があるのです。

これまでは「家庭と仕事を両立させなくては」という思いばかりが先立って、ひとりで空回りしがちでしたが、主人と対話する時間を積極的に設けたことで、お互いの理想の家族の形が見えてきました。厳しい意見を言われることもありますが、「辛い時はお互いフォローし合おう」という気持ちが強いので、素直に甘えられるようになりました。

（山口幸子さん／事務職／子ども5歳）

家庭内ワークシェアリングのインセンティブは「褒める」こと！

お互いの得意分野や時間的な関係で、分業体制をあらかじめ大まかに決めています。夫婦の仕事の繁忙期や子どもの成長過程に合わせて、自然に割り振りができあがってきました。

家庭内ワークシェアリングを行うには、まずは「どちらもどれでも一応はできる」という状態にしないとなりません。さらに子どもたちも大きな戦力になります。最初は時間がか

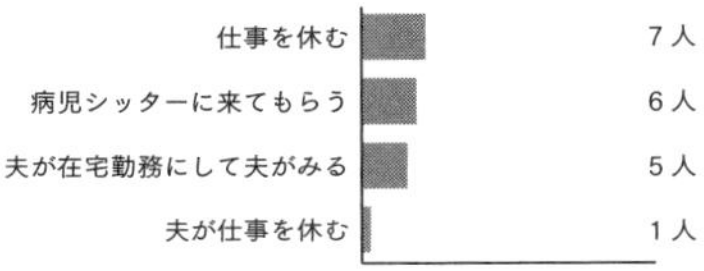

かっても、家庭内のものなので根気よく一緒にやれば、いずれ自分だけで上手にやってくれるようになります。

たくさんある家事に優先順位をつけることも大事だと思います。我が家の家事で大きな優先順位は「食事↓洗濯↓掃除」の順番です。優先順位と時間を天秤にかけながら、今、一番に何をするべきか考えて家事をしています。

また、料理以外の家事は、基本的に「マイナスをゼロにする作業（散らかった物を元に戻すなど）」なので、**成果を求めるタイプには、まずは料理を担当してもらうといいかもしれません。**作業はモチベーションが上がらないとなかなかその気になれません。

インセンティブはとにかく「褒める」です。小さな変化（たとえば洗面台がきれいになっていた）を見逃さず、褒める！　これにつきます。

（森なつきさん／税理士・社会保険労務士事務所経営／子ども8歳、5歳、3歳）

夫婦そろって残業しない働き方にシフトチェンジ

我が家の場合、主人が〝残業しない働き方〟にシフトチェンジしたことで、うまく回るようになりました。主人が夜に長く働くのをやめて定時で帰ってきてくれると、家族全員が一

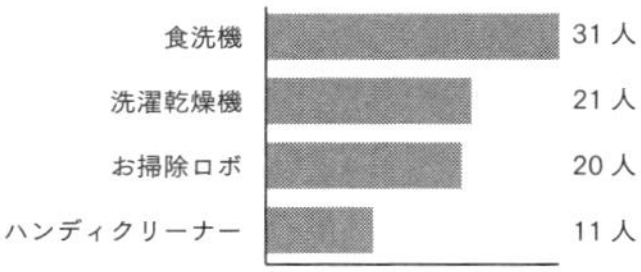

Q　買ってよかった家電は？（複数回答）

夫が家事に協力的でない場合のお助けアイテムが左の4点。「洗濯乾燥機に変えたら夫が洗濯をするようになった」という声もありました。

緒にご飯を食べられて、一気に片づけることができます。忙しい夜の時間帯に大人が2人いるというのは大変心強いもので、ひとりが子どもの相手をしていれば、その間にもうひとりが次の準備や溜まった家事を引き受けられますよね。

私自身、家事育児の量が減ったというより、精神的な負担がぐっと減りました。家事育児の分担を決めてやっていた頃は、「私ばかりがやってるんじゃないか」と思って喧嘩したこともあります。でも、**そもそも仕事のやり方とか、もっと根本的なところからガラッと変える必要があった**のです。

最初は家事育児に対して「お手伝いモード」だった夫も、今では一緒に考えながらできることをやっています。

今の日本社会で残業ゼロを目指すのは難しいことかもしれませんが、やはり世の中全体がそういうふうになっていけば、ママの気持ちもだいぶ楽になると思います。家族で過ごす時間も増えて、以前よりずっと家族仲が良くなりました。

（清水美央さん／コーヒーチェーン広報担当／子ども6歳、0歳）

家事分担のリアル

夫婦で分担している家事を、頻度を軸にひとつずつ書き出してみると、どちらがどれだけ負担しているのかが一目瞭然。客観的にみることができるので、話し合い用にも使えそうです。

Aさん(35歳/子ども5歳・3歳)の場合

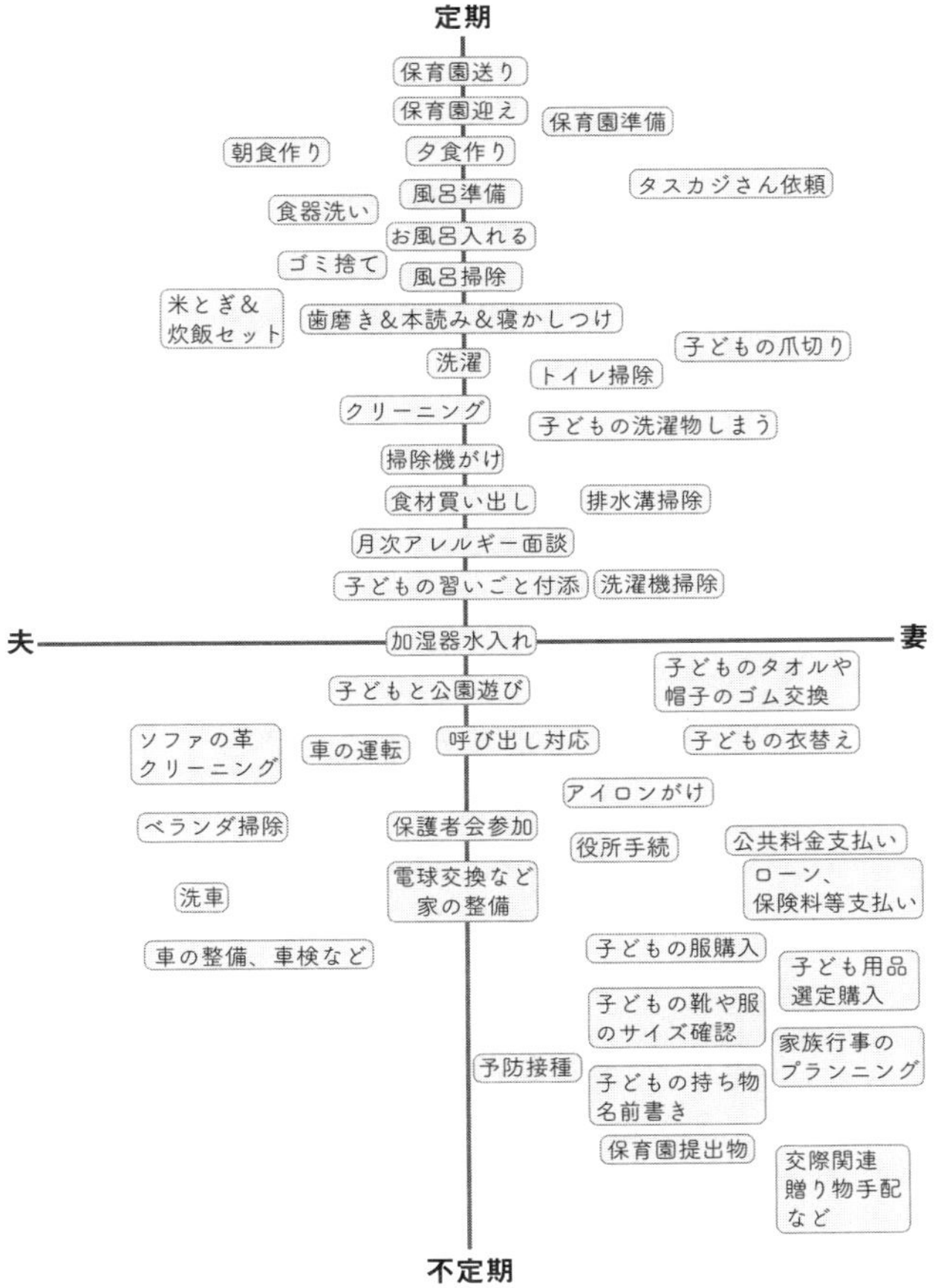

第2子妊娠時からなかなか家事ができなくなり、徐々に夫の定期家事の分担を増やしてもらった。園への送り迎えは夫が週一回という日々が4年ほど続いたが、1年前からほぼ半々に。一方、不定期家事の分担はまだ偏りがある。

Bさん（36歳／子ども6歳）の場合

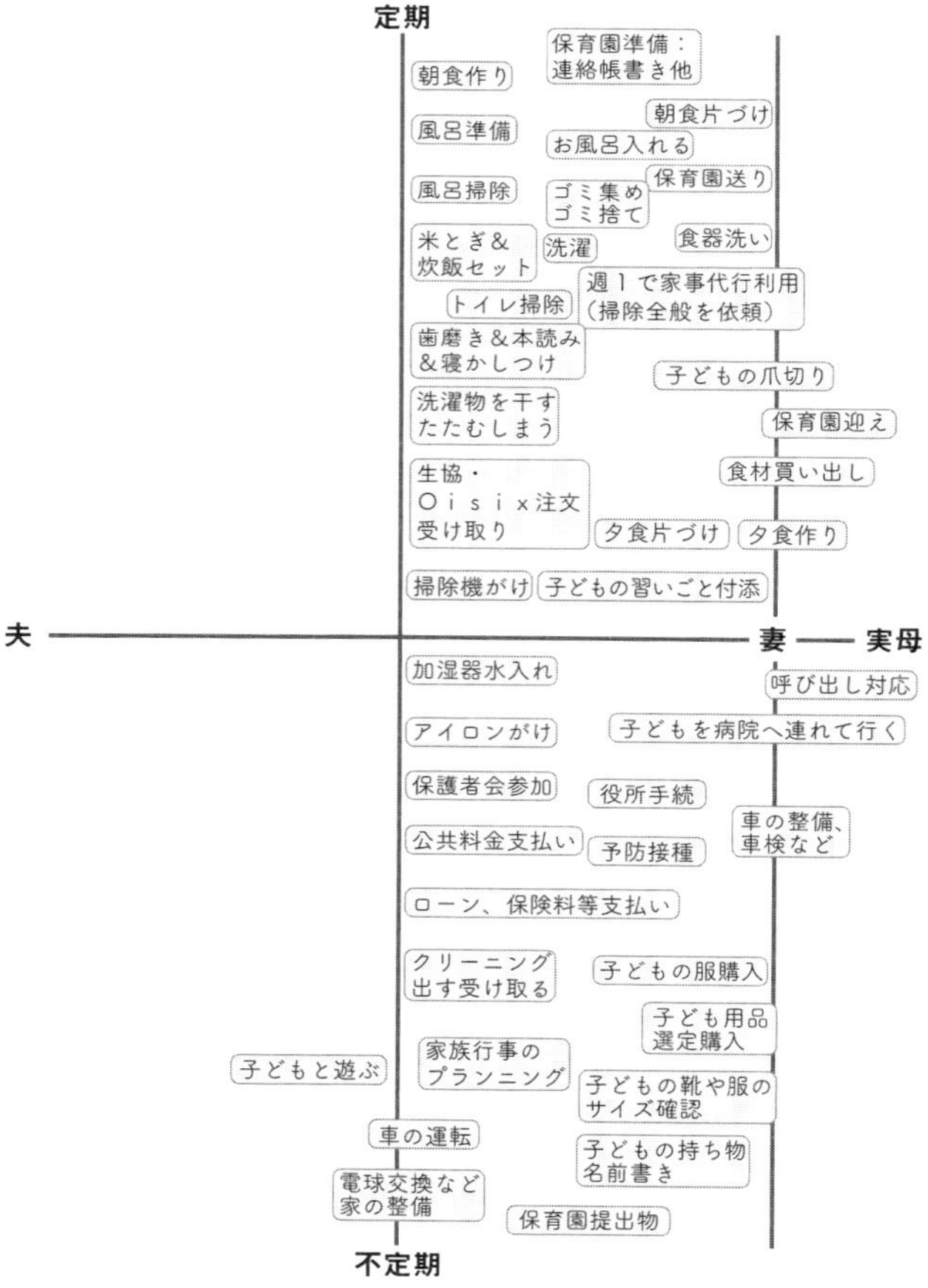

近所に住む妻の実母に頼り、なんとか回っている状態。夫の仕事柄、時間が不規則で家事育児を頼むのは難しく、そこは諦めている。ただ、実母が倒れたりすれば、すべてが立ち行かなくなってしまうので本当に心配している。

Cさん（36歳／子ども6歳）の場合

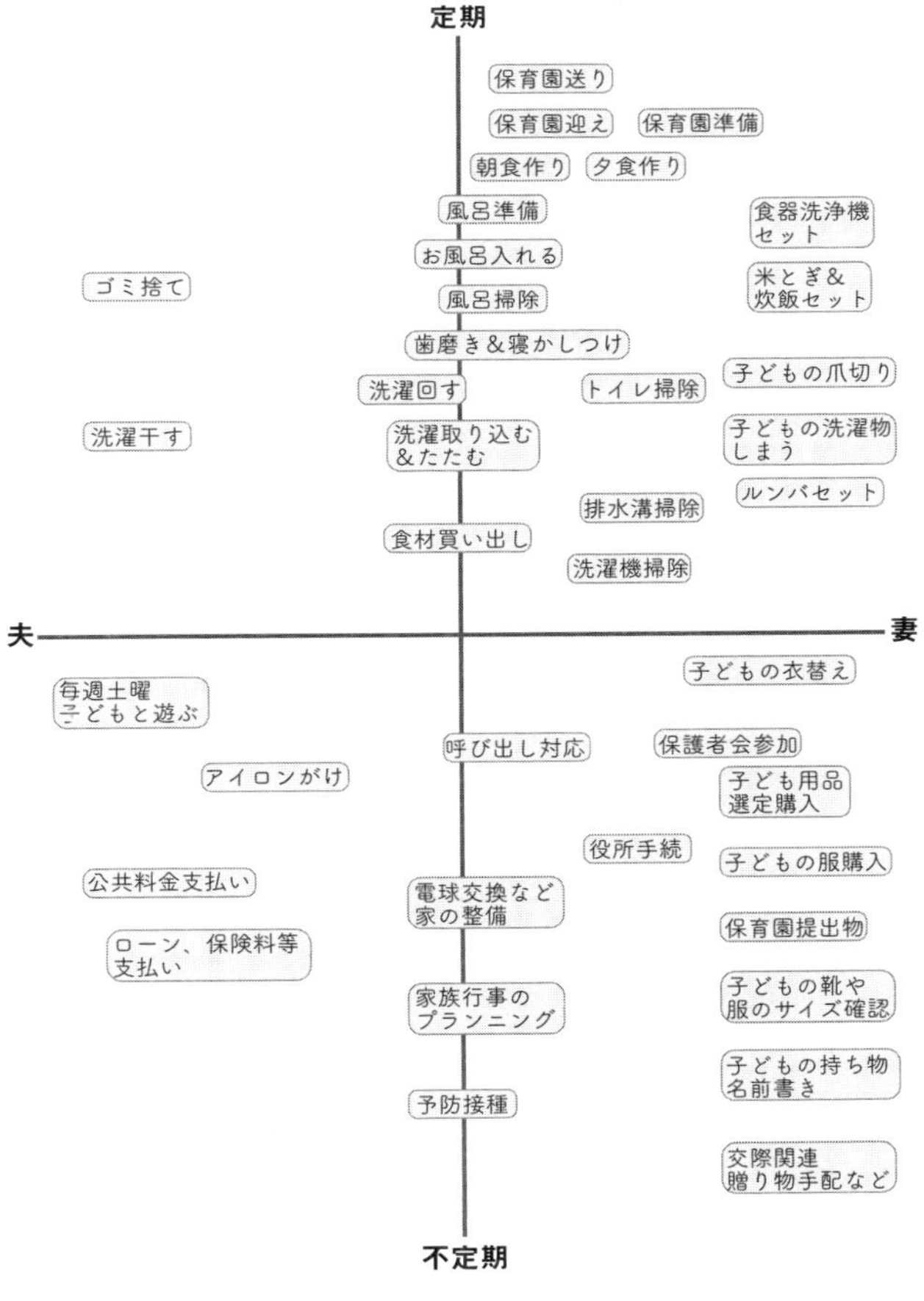

平日は、ゴミ捨てと洗濯物干し以外ほとんどを妻が行う。週末は二人で遊びに行ってくれたり、寝かしつけをしたり。妻の苦手なところを夫が担当してくれているので（ローンの管理など）今のところ大きな不満はなし。

Dさん（37歳／子ども4歳・1歳）の場合

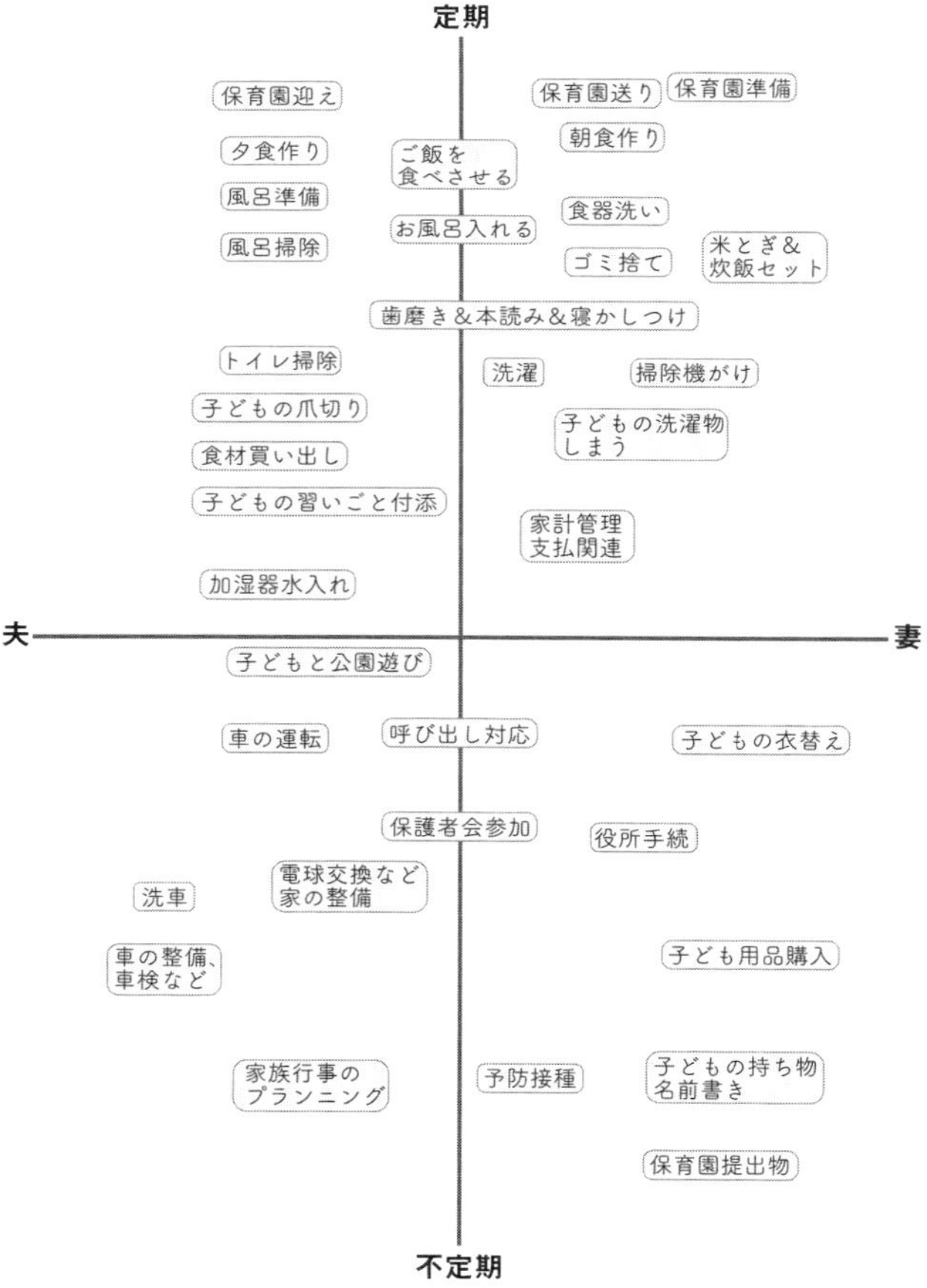

夫婦共に育児を楽しむスタンスで、それを実現できるような働き方の実現を意識。夫が自営、妻も仕事量を調整しやすい職業なので、無理のない協力体制ができているものの、今後は習いごと送迎が増えるので要調整。

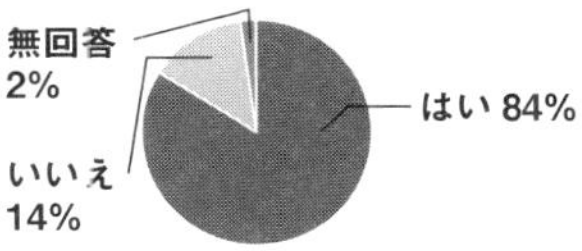

Q　夫婦仲は良いと思いますか？

8割を超える人が「夫婦仲は良い」と答えています。育児と仕事の両立には、夫のみならず、家族と助け合うことが不可欠。おのずと絆も深まるということでしょうか。

お悩み 47

夫とちゃんとコミュニケーションをとりたい！

自分の仕事の内容や展望まで、逐一相手に伝える

私はもともとフリーランスのフォトグラファーとして働いていました。でも、出産し、子どもが0歳のうちから保育園に預けることに、夫はいい顔をしませんでした。夫としては、子どもが生まれたら当然妻が家にいてくれるものだと思っていたようです。

夫からの理解を得るためにまず行ったのは、自分の仕事についてきちんと説明することでした。私には「海外で撮影したい」という大きな夢がありました。その目標への道のりを具体的に絵に描き出して、今ここが第一歩だから、どうしても夫の協力が必要なのだと力強くプレゼンしました。**今だけの問題ではなく、長期的に自分がどうなっていきたいのかというビジョンを見すえたのが良かった**と思います。

そうやって話し合いを重ねた結果、ある時から夫が意識をガラッと変えてくれました。仕事で新しいプロジェクトが立ち上がるたびに夫に報告していたら、まるで一緒に参加しているように感じてくれたのか、自分のことのように応援してくれるようになりました。

この経験からも、「自分が今どこに向かって何をやっているのか」を逐一相手に伝えることは、夫婦の間に信頼感をもたらすのだなと痛感しています。お互い、相手がどこで何をやっているのかわからないと、どうしても不安になってしまいますからね。

おかげさまで、今は夢が叶って仕事で海外に行くことも多いです。私が海外出張している間は夫の助けが必要不可欠ですし、今の自分があるのは夫の支えがあってこそだと感じています。もちろん、その感謝の気持ちもきちんと言葉で伝えるようにしています。

（石川ひろこさん／フォトグラファー／子ども6歳）

チャットやオンラインスケジューラーを活用

3年前にお小遣いの5万円で自宅起業し、育児グッズのお店を経営しています。現在までに30名以上のママ雇用を生むことができました。私自身、「ワーママ」をたくさん生んできたことになりますね（笑）。弊社では、働きやすく、休みやすいように短時間労働制を取り入れていて、〝おたがいさま〟の精神でお互い助け合うようにしています。

会社を立ち上げた当時、主人は大手企業の管理職をしていたのですが、お互いあまりの多忙さから、コミュニケーションをとる時間がまったくなくなってしまうという夫婦の危機がありました。そこで、「なぜ働いているのか？ 幸せとは何か？」を2人でじっくり話し合い、その結果、主人は私の会社で経理の仕事をすることになりました。

我が家は仕事も家庭も育児もすべて夫婦で折半です。私が得意なことは私が、主人が得意なことは主人が引き受ける、というように、うまく棲み分けができていると思います。

でも、一緒に働いていると、距離が近すぎるせいで喧嘩になることもしばしば。そこで、会話でじっくりコミュニケーションをとるのはお互い心に余裕がある時にして、スケジュールはグーグルカレンダーで共有。あとはLINEやクラウド型のチャットなどで用件を伝え合っています。子どもの写真や情報などもクラウドストレージで保管して共有しています。

お互いに余裕がある時にはこまめに話せますし、とても円滑にコミュニケーションがとれるようになりました。**用件はチャットで記録に残るので、「あの時こう言ったよね？」ということもなくなりました。**

おかげで今はとてもいい距離感で仕事や育児ができています。これもまた、新しい夫婦のコミュニケーションの形なのかもしれませんね。

（仙田忍さん／抱っこひも収納カバー専門店 株式会社ルカコ代表取締役／子ども7歳、5歳）

家事育児の分担をきっかり決め、お互い全力で！

我が家は夫婦ともに会社員をしています。私も夫もフルタイム勤務で条件は同じなので、分担をきっかり決めて、とにかく全力で家事育児を回している感じです。朝と夜の限られた時間内に、いかに夫婦で協力して効率良く動くかがポイントとなります。

朝は、家族が起きてくる前に、自分の身支度と朝ごはんの準備をします。夫が子どもたちにごはんを食べさせてくれるので、その間に私は夜ごはんの仕込みと洗濯を終わらせます。家の掃除はすべて夫の担当なので、朝の空いた時間に子どもたちの食べこぼしなど、こまめに掃除機をかけています。

夜は早く帰るほうが保育園のお迎えに行きます。朝のうちに夜ごはんの仕込みは終わっているので、後はどちらがやってもスムーズに事が進みます。お風呂の掃除や子どもを入れるのは夫の担当です。

このように、我が家の役割分担ははっきり決まっていて、お互いにそれを納得しているので、「○○をやってほしいのにやってくれない……」というような不満は持ちにくいと思います。

平日は始終バタバタで夫とゆっくり話せる時間もとれないような状況ですが、その分、休日は家族で目一杯遊んでいます。休みの日には夫がパンを焼いてくれることもありますね。

夫婦で言い争ったりするのではなく、まずはどうやったら効率的に家事育児をこなせるのかを冷静に分析し協力し合うことこそが、一番のコミュニケーション術なのではないでしょうか。

（山本愛さん／会社員／子ども5歳、1歳）

みんなのテクニック集 3
夫と仲良くするテク

「平日はすれ違いなので、LINEでの申し送りが日課。ひたすら『いつもありがとう』と言っている。不満はメモ帳に下書きして、タイミングをうかがって話す」

「家族の時間も大事にしながら、お互いの友達や会社関連の付き合いも尊重し合う」

「小さなことでもよく相談し、協力し合い、感謝し合うことです。ありがとうの一言がないのとあるのとでは、心の持ちようが違うと思います」

「子どもを通じてパパを褒める」

「嫌なこと、困っていることを言い合える時間を確保する」

「少なくとも週1回は何か2人の時間を持つ。晩酌、食後のコーヒー、DVD鑑賞など」

「イライラしたら紙に書き出し、夫婦で起きている問題について第三者の意見も聞いてみる」

「Googleカレンダーでスケジュールを共有」

「自分で何もかもしようとしない。できない時は思いっきり旦那に頼る」

「その日のことはその日のうちに解決し、翌日に持ち越さない」

「お互いに〝自分のためだけの自由なスペース（お金、時間など）〟を作り、それらには口を挟まない。お互いの仕事の状況を話し、相談できる内容なら相談する。家族の将来について話す。本やネットで仕入れた新しい情報を共有して、それについて会話する」

「『〇〇してほしい』という要望はせずに、思っていることを伝える。『私がこう思っている』『それを知ってもらいたい』ということを伝える」

「お互いの仕事はプロのものとして尊重する。仕事の大切さに優劣はつけない」

「忙しくても毎日同じ布団で寝る！　あえてカップル感を過剰に出してみたり（笑）」

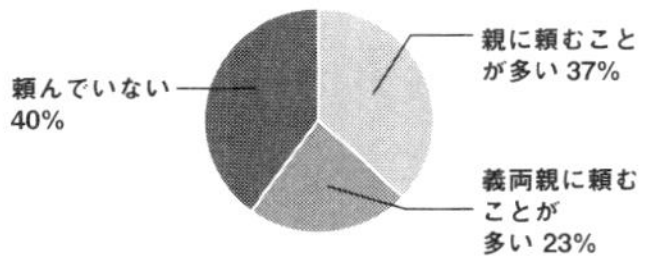

Q　親や義両親に、お手伝いをお願いすることはありますか？

「頼んでいない」という人は、夫が協力的であったり、ベビーシッター等のサービスをうまく利用してなんとか回しているケースが多いようです。

お悩み 48

親や義両親に、上手に頼ることができません

頼ることは、幸せのお福分け。頼る勇気を持とう

義父母は、息子が生まれてから我が家の階下に引っ越してきてくれました。私は息子が9カ月の時にフルタイム復帰し、以来、保育園の送り迎えも夕食も遊びも、ほとんどおんぶに抱っこです。

ワーママの大先輩である義母は、自分も同じように手伝ってもらったからと、私が仕事に行っている間に、我が家の掃除や洗濯まで引き受けてくれます。やってほしいとお願いしたことはほとんどなく、あうんの呼吸が気持ちいい、そんな義母との関係に感謝しています。

義父は過去に病気をし、何度も手術をしていましたが、今はまさに孫が生きがい。赤ちゃんの頃は肌身離さず抱っこしていて、心も身体も活性化して若返ったような気がします。義父と一緒に虫取りに出かけたり、廃材を使って工作したりと、昔ながらの遊び方も教えてくれて、息子にとっても唯一無二の体験をさせてもらっています。

私はあまり細かいことは気にならないタイプなので、ほとんどのことは任せていますが、

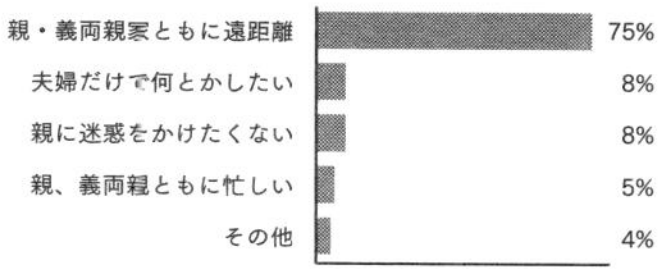

Q 親や義両親にお手伝いを頼まない理由を教えてください。

頼みたくても物理的な距離の問題で頼めないという人がほとんど。一方、「自分たちだけでなんとかしたい」「迷惑をかけたくない」という気持ちの問題もあるようです。

夜に息子にお菓子やアイスを与えすぎるとか、どうしても譲れないことだけはきちんと話すようにしています。そして、一緒に住んでいるからといって、「やってもらって当たり前」だと思わず、感謝の言葉をいつも伝えるように心がけています。

「まだ歩けない子を預けるなんて！」という後ろめたい気持ちを捨てて、「みんなで幸せを分け合おう！」とポジティブに考えれば、育児を独り占めしちゃうなんて、もったいない。孫のパワーは、長寿の秘訣。義父母が、「今とても幸せだ」と言ってくれることが、私もすごく幸せです。

（太田理奈子さん／広告会社 コミュニケーションデザイナー／子ども8歳）

子どものイベントには必ず呼んで、感謝の気持ちでおもてなし

母の職場近くに家を購入したため、母は仕事が終わった後、そのまま手伝いに来てくれます。保育園の迎え、塾やお稽古の送迎など、64歳とは思えないスピードと体力で行ってくれて、とても助かっています。娘が小学受験に合格できたのも、母が毎日快く送迎してくれたおかげです。

またともに学校の先生だった義両親は、働きながら育児する大変さを痛いほど知っている

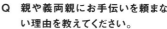

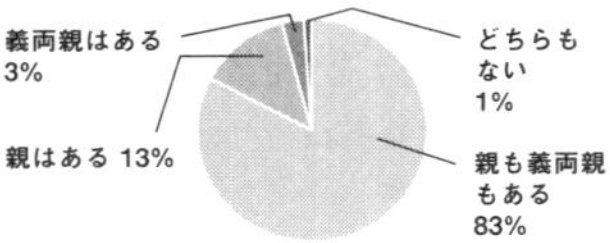

Q　親と義両親は、働きながら子育てすることに理解はありますか？

今の時代、働くことに理解がないという親はさすがに少数派のよう。親世代の中でも、働くお母さんは一定数いたので、そういう家庭では特に理解が得やすそうです。

ため、我が家の家庭環境を理解し協力してくれます。家は遠いですが、助けを頼むと1時間半かけて自宅に来てくれ、泊まりでも面倒を見てくれます。

そんな両家両親に対して、私も夫も常に感謝の言葉を口にするように心がけています。また、子どもたちの誕生日パーティに呼んでおもてなししたり、七五三、運動会などさまざまなイベントで子どもたちと接点を持ってもらっています。

両家両親同士の仲も良く、**LINEグループで連絡を取り合ったり、Facebookグループで子どもたちの様子をアップしています。子どもたちの状況を常に把握してもらうことで、毎回の交流もスムーズ**になっているように感じます。Facebookには私の仕事の様子もアップしているので、それも理解してもらえる理由のひとつかもしれません。

これだけ協力してもらえるのは、根本的に、両親、義両親のことが大好きで、尊敬と感謝をしているからだと思います。やっぱり好きな人でないと、なかなか良好な関係を構築するのは難しいですからね。

（佐藤真希子さん／ベンチャーキャピタル取締役／子ども7歳、4歳、2歳）

どんなことでも近況報告

両親・義両親とは日頃からまめに連絡を取り合って、お互いの状況を情報交換しています。仕事のことや体調のこと、子どもたちの保育園での生活など、どんなことでも近況報告して、積極的にコミュニケーションをとっています。

両親・義両親ともに、すぐに会える距離には住んでいないので、日頃のヘルプはあまり望めませんが、いつも連絡を取り合っているおかげで「いざ」という時には最大限に助けてもらっています。下の子の里帰り出産の時は、切迫早産からの入院で、約3カ月間も実家でお世話になりました。両親もまだ現役で共働きのため、子どもと私のお世話で本当に大変だったと思います。

両親・義両親ともに、困ったことはすぐ相談できる、緊急事態には対応してもらえる、という関係を築くのが大事だと思います。特に、両親にはわがままを言ってしまいがちになりますが、いつでも感謝の気持ちを忘れずにいることを心がけています。

（大山夏希さん／PRプランナー／子ども6歳、4歳）

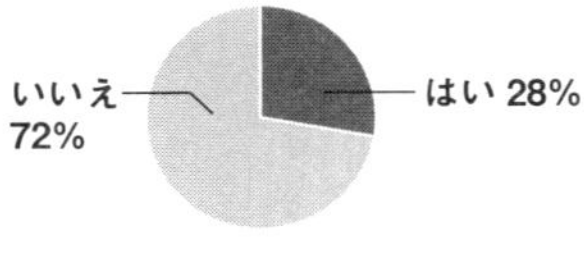

Q　子どもがおひとりの方にお聞きします。2人目は欲しいですか？

初産の年齢が上がっている昨今、特にすぐに仕事復帰している場合、2人目を産むタイミングに悩む夫婦も多そう。それを反映しての、この結果ということでしょうか。

お悩み 49

子どもは何人がいいかな？

今はまだ子どもがひとりだけど、できれば2人か3人は欲しいなと考えているママもいると思います。その時に気になるのが、子どもの年齢差。年齢差により育てやすさに違いがあるのでしょうか……？　そこで、すでに子どもが複数いるママたちに、年齢差によるメリットとデメリットを聞きました。

2歳差の場合

●まとめて成長してくれることはメリット。2人で遊んでいてくれるので楽。でも、イヤイヤ期と赤ちゃん返りはすさまじかった！

●良かったことは同じ保育園に通える期間が長いこと。大変だったのは赤ちゃんの頃だけで、今は双子のようにどこへ行っても一緒に楽しめる。

●2人とも2歳半まで夜泣きがひどく、ほとんど寝られない生活が続いた。その頃は毎日フラフラ……それが一番辛かった。良かったことは、おもちゃを一緒に使えて効率的だったこと。

3歳差の場合

●上の子が下の子の面倒をよく見てくれるのでとても助かっている。年が離れすぎていないので、2人で楽しく遊ぶこともでき、ちょうど良かった。

●下の子ができた時、上の子がお兄さんぶりを発揮してくれて自立につながった。他の子に対しても、年下の子への思いやりが育まれたように感じた。大変だったことは、上の子がちょうどおむつ外しのタイミングだったのが、赤ちゃん返りにより少し遅くなったことくらい。

●兄のほうが、ひと通り自分のことは自分でできるようになっていたので、手がかからなかった。でも、育休中は母と弟が家にいることを知っていたので、毎日保育園に行きたくないと言って泣いていた。

4歳差の場合

●上の子がある程度落ち着いていたので、出産時にはひとりで実家に預けることができた。

出産後はとてもかわいがってくれている。
●上の子がお風呂などひとりでできることが多くて楽。下の子のお世話も本当によくやってくれて助かった。
●上の子はすでに話をよく理解してくれるので、2人目育児のよきパートナーとして即戦力に。おむつを取ってきてくれたり、ミルクをあげたりしてくれる。ただ、本人にはやはりストレスがあったらしく、半年ほどチックと爪噛みが止まらず……。

5歳差の場合

●2人目が生まれた時、上の子は年長だったので、赤ちゃん返りもなく、育児を手伝ってくれて本当に助かった。大変なことは、保育園に通う年数が11年となり、保育園送迎問題が長期間続くこと。
●2人それぞれの成長をしっかり見ることができたことが良かった。今は下の子の成長を見守りつつ、上の子のプチ反抗期に対応している感じ。
●上の子は手がかかったので、2～3歳差で2人目なんて考えられなかった。5歳差で産んで、特に大変なことはなく、良かったことしかない。

6歳差以上の場合

- 6歳差だったので、下の子は、ギリギリで保育園入園時のきょうだい枠を使えて入園することができ、さらに、ちょうど認証から認可になって保育料も下がり、年齢差があいたおかげで恩恵が多かった。
- きょうだい喧嘩はしないが、年齢が離れているので一緒に遊んではくれない。
- 上の子が下の子の面倒を見てくれるが、ひとりっ子期間が長かったので、まだ少しわがままなところも。
- 9歳差で上の子が下の子の面倒をよく見て、家事や育児を手伝ってくれるものの、学校と保育園の行事など、あまりに差がありすぎて把握するのが大変！

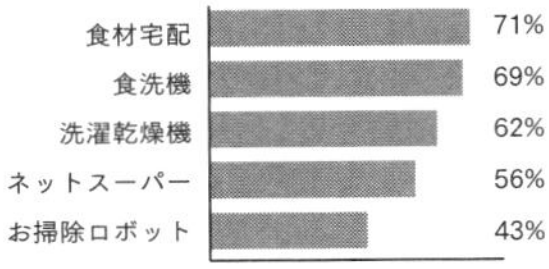

Q　利用したことがあるサービスやグッズをすべて選んでください。（複数回答）

食材宅配やネットスーパーはもはや定番と言えそうです。住んでいる地域にもよると思いますが、家事代行やベビーシッターを利用している人も増えている印象です。

お悩み50

家事育児を効率よく回すサービスを知りたい！

夫の単身赴任もファミサポの利用で乗り越えた

娘が2歳の時に主人が単身赴任になったことが、ファミリーサポートセンター（以下、ファミサポ）の利用を始めるきっかけとなりました。残業でのお迎えや預かり、朝の送り等、急な依頼にもすぐに対応してくださり、現在は習いごとの送迎もお願いしています。育児をしながら仕事をスムーズに進めるためにも、社内でのコミュニケーションは重要だと考えていますので、歓送迎会や懇親会にも、参加できる時は利用しています。ファミサポさんは子どもの夜ご飯もしっかり食べさせてくれるので、遅くなっても安心して預けられます。時短勤務を選択していないので、今後、小学校に上がってからも、引き続きファミサポを利用したいと考えています。

まだまだ働くお母さんたちにとって厳しい社会ではありますが、そんな中、ファミサポさんの存在はとても大きく、ありがたいものです。

（河内愛さん／会社員／子ども5歳）

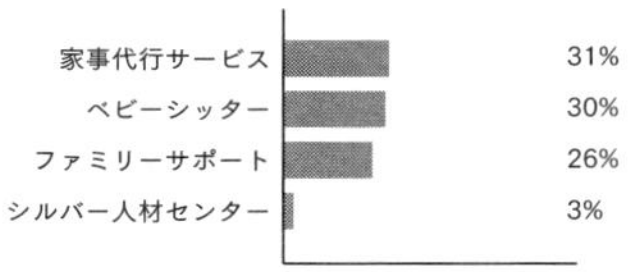

ファミサポを通じて同じ地域に住む子育ての先輩に出会える

市議会議員という若干特殊な仕事柄、どうしても時間が不規則になってしまうのが、子育てをする上で悩ましい点です。朝、始発から駅に立つこともあれば、夜、会合やパーティに出席するのも、公務ではないとはいえ、この仕事をしていく上で大事です。

保育園や学童の開所時間外で子どもを見られない時は、基本的に夫にお願いしていますが、それもダメな時はファミサポさんやシッターさんにお願いしています。朝の送りや夕方のお迎え、また学童から習いごとまでの中継ぎをお願いすることが多いです。

以前はそれらをママ友に頼むこともありましたが、いくら仲が良くてもやはり気を遣いますし、あまり頻繁に頼むことはできません。それに、万が一何かあった時の保険のことなどもありますから、やはり有償でお願いできるところを探したほうが良いと感じています。

ちなみに私はシッターさんよりもファミサポ派です。なぜなら、同じマンションや同じ町内といった身近にいる子育ての先輩と出会えることは、私自身の安心感にもつながるからです。それに、自分の子どものことをよく知っている大人が多くいるほうが、防犯の面からも、地域コミュニティの面からも理想的だと考えているからです。

(岡野純子さん／浦安市議会議員／子ども7歳、2歳)

人材派遣業者と年間契約してシッターサービスをフル活用

夜に会食やパーティの予定がある場合、保育園や学童までシッターさんにお迎えに行っていただき、自宅で一緒に過ごしてもらっています。夕食は、前日かその日の朝に作り置きしたり、帰りにコンビニでシッターさんにお弁当を購入していただき、子どもたちに夕食をとらせ、21時頃までには寝かせてもらっています。

長期療養が必要な感染症に子どもが罹患《りかん》した際、病児保育の施設はいっぱいで利用できませんでしたが、シッターさんに来ていただき、自宅でお世話をしてもらえたのでとても助かりました。

長男も長女も、シッターサービスは「タカミサプライ」という人材派遣業者と年間契約をしています。長男はもう大きくなったので、今は下の子のシッティングのみお願いしています。

予定のある2日前くらいまでに連絡すると、そのための人員を確保してくれるので、スムーズに派遣してもらえます。ただ、当日や前日だと人員が確保できないため、スケジュールが明確な予定のみに利用が限られるのが難点と言えます。突然の予定が入って子どもを預けたい場合には、帝国ホテルなど都内でホテル託児施設がある施設に連絡をして、当日スポット預かりが可能であれば利用していました。

都内には非認可保育園など24時間体制で保育を請け負っている施設が多数あるので、日頃からひとつくらい利用しておくと、もしもの時のバックアップになると思います。

地方の出張時には、その土地の託児所のスポット預かりを予約して、出張に子どもを帯同し、利用しています。

（矢野りんさん／会社員　デザイナー／子ども13歳、2歳）

みんなのテクニック集④ サービス活用テク

「グリーンコープのベビーシッター。朝、子どもが熱を出していても、午前6時から電話受付してくれて、午前8時半には家に来てくれました。保育士免許取得者が来てくれて1時間1500円くらいでお安かったのも良かった」

「小学館のHASは、こども未来財団のベビーシッター割引券と会社の福利厚生の補助券の両方が使えて大変ありがたかった」

「ポピンズに子育て経験がある、保育士の免許があるという条件でお願いしている。その日の朝に頼んでも来てくれる。このサービスがあるからこそ、今まで仕事を続けられてきたと思う」

「タスカジ。インターネット上でマッチングできるので、電話したりといった面倒なステップを踏まずにお願いできる。海外出張時も遠隔でリクエストもできて、非常に助かります」

「タスカジ。リーズナブルな価格で手の届かないところまで掃除を終えられる」

「タスカジに毎週来てもらって、作り置き料理と掃除をしてもらっています」

「タスカジさん。外国人のハウスキーパーさんがいるので子どもの英語の勉強にもなり、異文化に触れられ良いと思った」

「キッズラインは時間に融通がきくので便利！」

「フローレンスの病児保育にスマホからの申し込みもしやすく、病気の治りは親が下手にみるより圧倒的に早い。子どものテンションコントロールがさすがプロ！」

「ミッシェル・ホームサービス。留守中に掃除をしてもらっていて、ほとんど自分で掃除していない……」

「シルバー人材センターに家事代行を頼んでいます。週1回でもきれいな部屋に戻り、ご飯ができているだけで気分が上がります。近所のサポーター的存在」

「ワーキングマムで近所のサポーターさんを紹介してもらい、前日や当日の急な依頼にも臨機応変に対応してもらえました」

「スリールのワーク＆ライフ・インターン」

「casial.（リクルート）。金額が安く安心感がある」

ワークシート❶

棚卸しましょう

※下記は一例です。パワーママプロジェクトのサイトから書き込み用ワークシートをダウンロードしてご利用ください。
(http://powermama.info/)

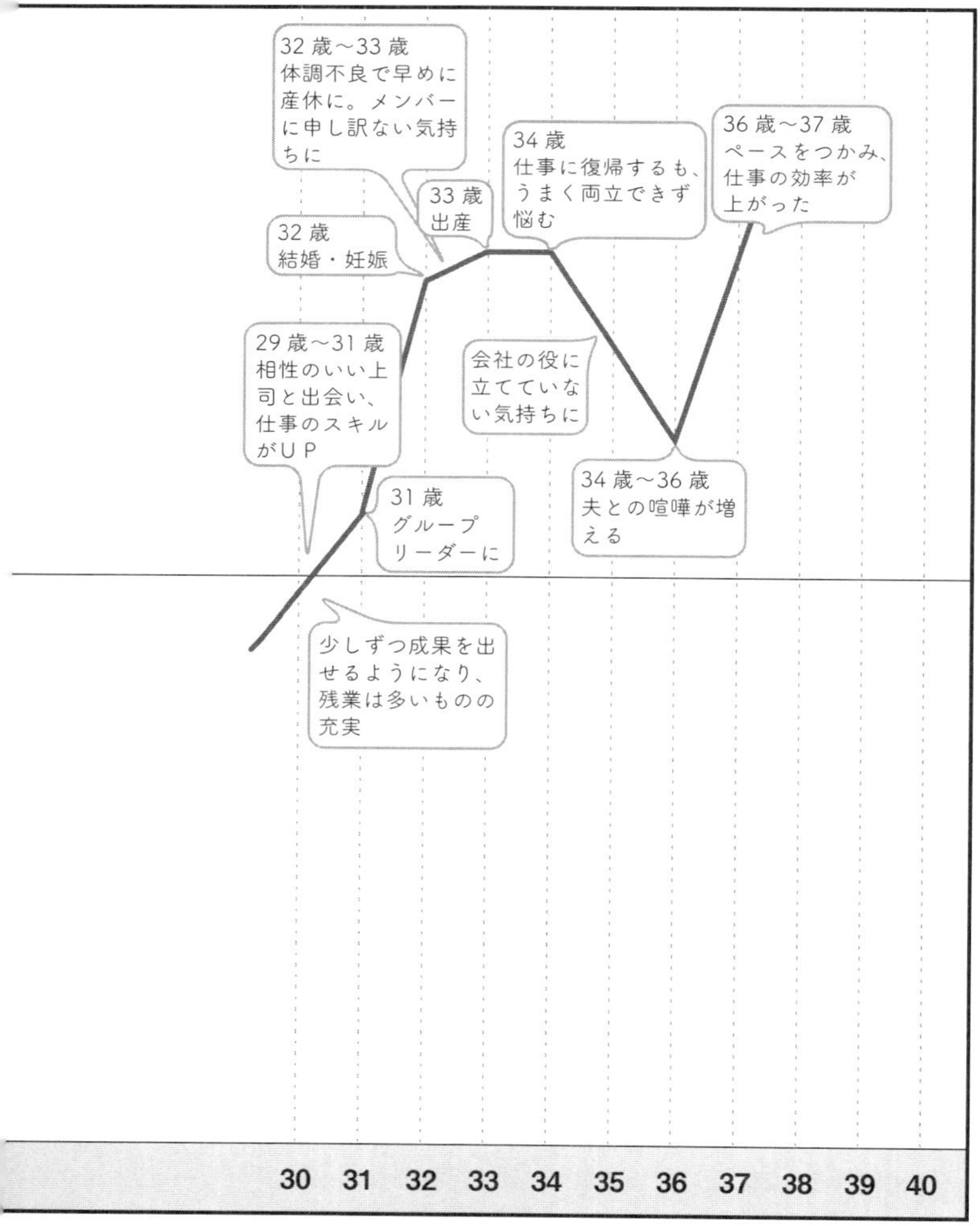

10年後、20年後も自分らしく働くための

自分にとっての充実とは何かを

社会人生活を振り返り、充実度の上がり下がりとその原因を思い出して書き込んでみましょう。どんな働き方をすることで前向きになれるのかが見えてきます。

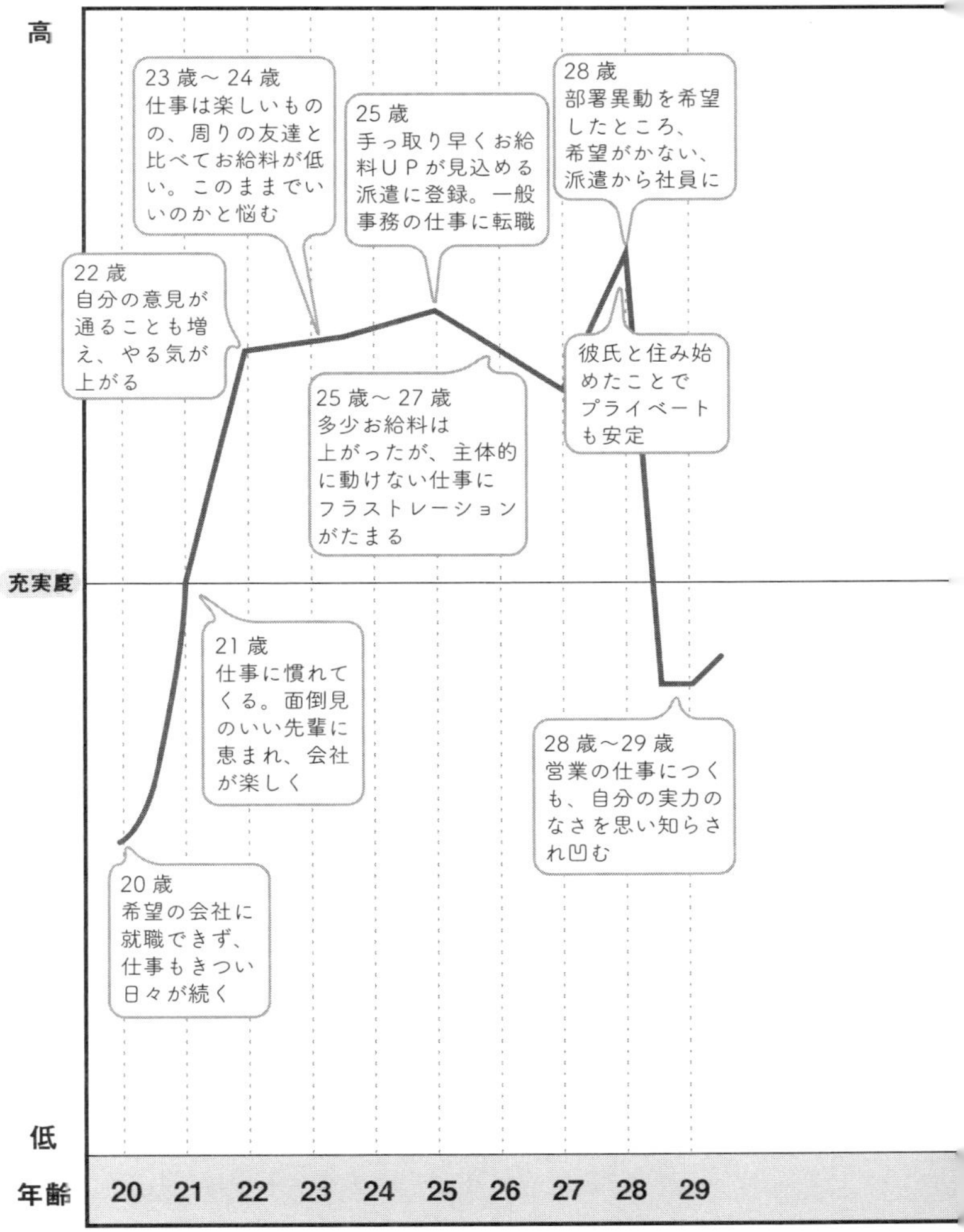

ワークシート❷
て今やることを整理しましょう

※下記は一例です。パワーママプロジェクトのサイトから書き込み用ワークシートをダウンロードしてご利用ください。
（http://powermama.info/）

		50歳		60歳
		55歳		65歳
15歳		18歳	22歳	
	15歳		18歳	
		1500万円		2700万円
長女：私立中高一貫校学費・年間100万円 次女：私立中高一貫校学費・年間100万円		長女：大学受験費用30万円 もしかすると留学したいと言いだすかも？ 次女：大学受験費用30万円	長女：大学学費、その他通学費用等4年間で600万円 次女：大学学費、その他通学費用等4年間で600万円	
		会社全体を動かせる立場に		
			仕事をリタイア後は、子どもの教育に関係するボランティアをやりたい。そのためのリサーチ開始。	

10年後、20年後も自分らしく働くための

将来達成したいことから逆算し

自分が仕事やプライベートにおいてやり遂げたいこと、必要なお金、希望の年収など、未来のことを予想して、自分と家族のビジョンを考えてみましょう。

自分の年齢	37歳　40歳
夫の年齢	42歳　45歳
子どもの年齢	5歳6歳　10歳　12歳 2歳　6歳　12歳
世帯年収	800万円　1000万円　1200万円
貯蓄目標	360万円
想定される大きな出費	マンション購入で頭金500万円 長女：中学受験用の塾に通う。3年間で200万円ほど 塾の送り迎え用に車を買う。200万円 次女：中学受験用の塾に通う。3年間で200万円ほど
働き方、仕事で達成したいこと	時短からフルタイムに戻す 経験を生かして管理職として転職。年収アップを目指す チーム内で売上トップを達成 マネージメントスキルを上げるために勉強 管理職として、女性が働きやすい職場を作り出す
プライベートで達成したいこと	英会話のレッスンを再開する 短期でいいから語学留学&ホームステイしてみたい 長女の受験が忙しくなる前に、親子で長期海外旅行へ行きたい

あとがき

本著を最後までお読みいただき、ありがとうございます。
育児と仕事を両立する上で日々生じるさまざまな悩みが、少しでも解決できたでしょうか？

ここで、私たち『パワーママプロジェクト』が活動に至った背景に少し触れたいと思います。

子どもを授かり、「育児」という何ものにも代え難い役割を得た私たちは、世の中で語られていた時間の足りなさや、「仕事との両立」のハードさに直面しつつも、〝ワーママだからこそ気づけたこと、できること〟がたくさんあるという事実を、初めて我がこととして実感することができました。
子どもを授かる前の私たちは、仕事が人生の中心にあった「会社人」でした（もちろんそれが悪いこととは思いません！）。しかし、ワーママになってみて、やっと〝社会〟を意識し、社会で助け合うことに触れ合うようになり、「社会人」という実感が生まれたのです。

そして、出産・育児休暇は〝ブランク〟ではなく、別世界、別社会、そして別生活になり得る〝留学〟のような経験であることにも気づきました。

また、仕事に復帰すると、仕事の楽しさややり甲斐を改めて感じ、周りの方々や所属企業、保育園の先生、社会システムなどに、感謝の気持ちでいっぱいになることにも……。


このようなポジティブな気づきや効果がたくさんあるにもかかわらず、

「そんなに頑張らなくても良いよ」

「毎日忙しそうだし、辛そう……」

「出産したら、もうキャリアはストップでしょ？」

そう言われる、思われるのが現状です。

私たちは、そのような先入観を打破していきたい！

育児は本当に大変なことだけど、ワーママは、育児もエンジョイ、仕事もエンジョイ、2倍Happyになれるんだということを、僭越《せんえつ》ながら、広めていきたいと思っています。

また、私たちは、今の日本をもっともっと社会全体で働きながら子育てをする社会に変えていきたい、とも思っています。

子育てをママだけの役割にするのではなく、たくさんの大人が関わり合って、子どもたちの可能性を、未来が広がる社会を、一緒に作っていきたい。

「子どもを育てること」と「働くこと」が、個人のトレードオフで留《とど》まらない世の中にしていきたい。

仕事も育児もエンジョイするワーママの力で、日本をもっと元気に明るい社会にしたい！

それができるような社会を、応援していただける方を増やすことで、みんなで創っていきたい!!

『パワーママプロジェクト』が、これらのきっかけになればと思いながら、活動を続けています。

本著もその活動の一部です。

手にとってくださった皆さんにこの思いが届くことを願っています。

そして、明日も明後日も10年後も20年後も、皆さんが自分らしくＨａｐｐｙでいられるために、本著が何かのヒントになれば幸いです。

最後になりましたが、私たちワーママの悩みにていねいにお答えいただき、数々の気づきをくださったリクルート ワークス研究所の石原直子さん、花まる学習会 代表の高濱正伸さん、育児・教育ジャーナリストのおおたとしまささん、ファイナンシャルプランナーの畠中雅子さん、通訳・翻訳・バイリンガルライターの川合亮平さん、体験談をお寄せいただいた先輩ママの皆さまに心より感謝申し上げます。そして本著を手にとってくださったすべてのワーママの皆さま！ 本当にありがとうございました！

パワーママプロジェクト

編者プロフィール
パワーママプロジェクト
2013年創設。インタビューコンテンツを軸とした「等身大のロールモデルシェア」を通してワーママの多様性を広めることで、“自分らしく”仕事と育児ができるHappyなワーママを増やすことを目的とする。東京・関西をメインに活動するが、今後は地方支部や海外支部をつくり、ビジョンを広げていく予定。2017年3月時点でのインタビュー総数は195名。不定期で行うイベントには累計1000名以上が参加。http://powermama.info/

『ワーママ』5年目《ねんめ》に読《よ》む本《ほん》

2017年4月20日　初版第1刷発行

編者　パワーママプロジェクト
装丁　齋藤雄介(blue vespa)
発行者　田邉浩司
発行所　株式会社　光文社
〒112-8011　東京都文京区音羽1-16-6
電話(編集部)03-5395-8172
(書籍販売部)03-5395-8116
(業務部)03-5395-8125
メール　non@kobunsha.com
落丁本・乱丁本は業務部にご連絡くだされば、お取り替えいたします。
組版　近代美術
印刷所　近代美術
製本所　国宝社

ISBN-978-4-334-97923-2　Printed in Japan